大学英语教师素养评价研究

王晓丽 ◎ 著

吉林出版集团股份有限公司
全国百佳图书出版单位

图书在版编目（CIP）数据

大学英语教师素养评价研究 / 王晓丽著. -- 长春 ：吉林出版集团股份有限公司，2022.10

ISBN 978-7-5731-2120-2

Ⅰ. ①大… Ⅱ. ①王… Ⅲ. ①高等学校－英语－教师－师资培养－研究 Ⅳ. ①H319.3

中国版本图书馆CIP数据核字(2022)第160911号

DAXUE YINGYU JIAOSHI SUYANG PINGJIA YANJIU

大学英语教师素养评价研究

著　　者　王晓丽
责任编辑　张婷婷
装帧设计　朱秋丽
出　　版　吉林出版集团股份有限公司
发　　行　吉林出版集团青少年书刊发行有限公司
地　　址　吉林省长春市福祉大路 5788 号（130118）
电　　话　0431-81629808
印　　刷　北京昌联印刷有限公司
版　　次　2022 年 10 月第 1 版
印　　次　2022 年 10 月第 1 次印刷
开　　本　787 mm × 1092 mm　1/16
印　　张　10.25
字　　数　237千字
书　　号　ISBN 978-7-5731-2120-2
定　　价　65.00元

前　言

英语是当今世界上主要的国际通用语言之一，也是世界上使用最广泛的语言。21 世纪的今天，随着社会的进步和科学技术的发展，中国拥有了越来越多的机会与世界各国进行交流，中国人在世界上发挥着举足轻重的作用。与此同时，我国的整体英语教学水平也有了很大的提高。英语是一门语言实践课，对于语言技能，学生要靠个人的积极参与和反复实践才能达到熟练的境界。英语教师要打破传统的课堂教学模式，不把学生当成接受知识的“容器”，而把学生看成能动的主体，促进学生在整个教学过程中主动参与、全面参与，最大限度地发挥学生的自主性、能动性和创造性。

本书主要包括英语教学概论、大学英语教学管理、教师的角色、教师的素质、英语学习策略研究、英语教学评价策略研究、大学英语教师素养评价、反拨效应与外语教学质量的提升等内容。

由于笔者水平有限，加之时间仓促，书中难免存在错误和疏漏，敬请广大专家和学者批评指正。

王晓丽

2022 年 3 月

前言

目 录

第一章　英语教学概论

第一节　什么是语言

千百年来，语言使学者深感兴趣，不仅由于它是人们交际的复杂且有力的工具，而且由于它是人们思维的工具。哲学家和语言学家对语言的结构和功能存有极大兴趣，但在心理语言学中，人们关心的却是三个过程：理解、表达和习得。通过多年研究，心理语言学研究已经取得了不少成果，明确了若干有利于实际应用和进一步研究的概念和问题。

一、语言和言语

语言（Language）和言语（Speech）并非同义词。可以认为，这种区分已为多数学者所接受。许多著作即使没有提到区分语言和言语，但实际上其所研究的内容，如言语理解、产生等仍以这种区分为基础。

语言是交际工具，言语是用语言工具进行交际的过程和成果。语言是社会现象，其创造者和所有者是使用这种语言的民族或人民，如果要学习语言的历史，就必须注意人民的历史，语言的存在不取决于个人；言语则是个人心理现象，其创造者和所有者是个人，如果要研究言语的发展，就必须考虑个人年龄等有关因素，言语行为是由个人完成的。当然，这里所说的社会现象与个人现象并不是对立的，必须辩证地理解二者的关系。没有个人现象就没有社会现象，没有社会现象也就没有个人现象。社会现象只能在个人现象中表现出来，而个人现象则为社会现象所制约。二者不可对立，也不可等同。必须区别语言和言语，不可混淆。

言语作为用语言进行交际的过程，即人的言语活动，可划分为听、说、读、写等过程。言语也可以是实现交际过程的结果，包括一定的文字记录，如文章等言语产品，以及用录音设备记录下来的录音制品。人的言语活动只在人活着时才存在，完成后随即消逝，而言语活动的成果则在人死后依然存在，可以处理和复制，因而也可称为“语言材料”。心理语言学家感兴趣的首先是人的言语活动，即个人运用语言如何在心理上成为可能的问题。

区分语言和言语主要是为了便于研究言语活动，并非把言语和语言绝对地割裂开来。语言和使用该语言的言语实际上是相互制约、不可分割的，离开了语言也就不可能有言语。因此，在语言教学中必须恰当地处理语言和言语的关系。

二、语言的结构

语言作为系统是一个整体，但对语言结构的研究，却必须从语音、语法、词汇和语义等几个方面着手。因此，可以从语音学、语法学（包括词法和句法）、词汇学和语义学等方面分析语言的各个层次。

（一）音素

语音的最小结构单位是音素，是本族语者能分辨的最小语音单位。音素可分为元音和辅音两大类。英语有 45 个音素。语音方面的大量成功的研究，不仅为人类的语言学习创造了极好的条件，而且对言语交际有很大的影响。音素的发音能部分决定特定词的词义及其所表达的意思。increase，digest，survey 等很多英语单词由于发音和重音的不同，词性和语义都发生了变化。显然，分析语音能部分决定特定的词义解释。

音素是可分辨的最小语音单位，而在言语活动中音节却是比音素更易察觉的语音单位。音节是由一个或多个音素构成的，一个音节在发音时就是一次胸部搏动（chest pulse），包含一个响音峰（peak of sonority）。研究证明，人们对音节的识别反应较音素快。

（二）词素

词素是语言最小的意义单位，可由一个或多个音节构成。如 best(最好）和 greatest(最大）这两个词可用以说明音节与词素之间的区别。best 是一个音节，也是一个词素，因为它有意义。greatest 有两个音节，一个音节本身有意义（great），另一个音节（est）不是独立存在的自由词素，而是必须与其他词素结合才有意义的词素。一个或多个词素可以构成词。

（三）词

词是构成句子或话语的最小单位，至少由一个自由词素组成。词不但有词汇意义，代表特定的事物或行为等，还有其特定的语法意义。本身具有具体、完整意义的词称为“实词”，本身没有独立词汇意义只能为某种结构提供语法意义的词称为“虚词”。根据语法特点，词可以分为若干词类，如名词、代词、动词、形容词、副词、介词、感叹词等。其中，名词、动词等为实词，介词、感叹词为虚词。词是人们掌握语言必不可少的重要语言材料。任何一个词都可能有多种意义，但只在一定的句子里才具有特指的现实意义。早期有人把词视为语言的基本单位，认为只要熟记大量单词就掌握了语言。实际上，以词为基本单位是不对的，背诵大量单词并不等于掌握了语言。

（四）短语或词组

词按一定的语法联系可组成有意义的短语。短语不包含主语和谓语，往往作为句中的一个成分。根据在句中的功能，短语可分为形容词短语、副词短语、名词短语、动词短语、介词短语、不定式短语、分词短语等。在语言分析中，短语起着重要作用。结合短语来掌握词汇较孤立地熟记单词更有效。

（五）副句

复合句可分解为两个或更多的副句。副句有自己的主语和谓语。副句可以是主句和从句，也可以是并列副句。在复合句中，各个副句之间常用一定的连接词连接起来。

（六）句子

句子包含主语与谓语（至少暗示二者），表达完整的意思。从结构的角度看，句子乃是最大的语言单位。对句子进行语言分析，句子是可分解成各种构成成分的一个语法形式。在转换生成语法中，句子也就是一种由短语结构规则和转换规则生成的结构。各种语言构成句子的方法可能不一样，不同语言使用的语法形式千差万别，但归纳起来不外语序、虚词、重音、语调、内部曲折、重叠、异根法、附加法八种语法手段。语言总是以其中几种手段为主，以另一些为辅。句子已被公认为是语言的基本单位。关于言语活动的大量研究主要集中在句子方面。复合句是由两个或两个以上副句组成的，每个副句都有主语和谓语。

句子可大致分为两个层次：由声音、词、短语和从句——大小不同的表层构成成分组成并做线性排列的表层结构，以及由按并列关系、从属关系或补充关系相互结合的命题组成的深层结构。表层结构说明句子是怎样发音的，深层结构则指出要传达的是什么意思。

（七）话语或语段

话语即构成一个相当完整的单位的语段，通常限于指单个说话者传递信息的连续话语。话语可以是口头的，也可以是书面的。副句、短语和句子是按语法规则形成的语法单位，话语则属于较大的语言单位，如段落、会话等。

三、语言的功能

语言的基本功能是交际。在交际活动中有三个主要因素：说话者、听话者和信息系统。在交际过程中语言的功能与说话者和听话者的心理活动，特别是说话者的意图和想传递的思想，以及听话者现有的知识是密切相关的。①说话者意图给听话者一定影响，而且必须使他们了解这些意图，因此所用句子应反映这些意图；②说话者要传递某种思想，而要这样做，句子还必须反映听话者关于物体、状况、事件和事实的思维方法；③说话者必须对听话者此刻在想什么以及他们想把谈话引向哪些方面有一些考虑，所用句子必须反映这些考虑。语言功能的这三个方面可冠以言语活动、命题内容和题材结构等名称，并已得到广泛的研究。

说话者说出句子是为了进行言语活动——提问、言事、允诺等。用句子来表示的言语活动直接或间接地在其结构中反映出来。在进行言语活动时，说话者传达命题内容——指出客体、状况或事件以及他们的言语活动中提到的事实。他们使用句子表达命题，而这些命题则意味着客体、状况或事件，以及特定方面的事实。最后，说话者与他们的听话者合作慎重地使用他们的句子。在每个句子中，他们指出已知信息和新信息、主语和谓语。简言之，句子的不同方面实现着不同的功能。

（一）语言的功能

有些学者认为语言有三项主要功能：叙事功能、表态功能和社会功能。

英国语言学家韩礼德（M. A. K. Halliday）也认为语言有三种主要功能：

（1）构思功能，是指组织说话者或写话者对真实世界或想象世界的体验；也就是说，语言涉及真实的或想象的人、事、行动、事件、状况等。

（2）人际功能，是指建立或保持人们之间的社会关系，这种功能包括称谓、言语功能和情态等。

（3）话语功能，是指创造内部紧密结合而适合特定使用情境的书面或口头的话语。

（二）言语行为的分类

约翰·朗肖·奥斯丁（John Langshaw Austin）根据讲话的意图和方式，把言语行为分为五类：

（1）对事态做判断，即对事物真相或价值做判断的言语行为，如估计、推断和评价等。

（2）行使权力、施加影响或运用权力的言语行为，如任命、表决、命令、劝告或警告等。

（3）说话者承担某些义务的表达，如允诺、保证、宣布意图、表示信仰或信念的言语行为。

（4）表达诸如道歉、祝贺、慰问或挑战等的言语行为。

（5）表示对某事所持态度的言语行为，如争论、答辩、让步、假设和推测等。

关于语言功能的研究对功能语法、功能教学法和语用学的发展都有很大影响。

第二节　英语教学中的教师

一、英语教师的概念

教师，是指受过专门教育和训练的，在学校中向学生传递人类科学文化知识和技能，对学生进行思想道德教育，培养学生高尚的审美情趣，把受教育者教育成社会需要的人才的专业人员。简单地说，教师就是既懂知识又懂教育，有修养并以“教书育人”为主要职业的人。而英语教师就是受过专门英语知识、教育学、心理学训练，有英语专业素养，以教授学生英语语言知识、培养学生的英语语言运用能力和跨文化交流素养为己任的专职人员。

二、英语教师充当的社会角色

社会角色，是指个人在特定的社会环境中相应的社会身份和社会地位。一定的社会角色按照一定的社会期望，运用一定的权力来履行相应的社会职责。英语教师在学校教育工作中其实扮演着多种角色，发挥着多种功能。

（一）学科专家

所谓学科专家，是指教师应该对自己的专业、任教课程的学科体系及新旧知识，有一个比较详细、透彻的了解、理解和把握；不但要吃透学科教学内容，甚至要熟悉一些与之相关的知识。英语教师不但要对自己所教的教材内容熟悉明了、准确掌握，做到在教学中不出知识性错误，还应收集一些能拓展知识面的生动、新鲜的知识资料及有关英美文化的背景知识，以增加课堂教学的信息量和趣味性。英语教师不仅应该懂英语，还应懂得相关学科（如文学、教育学、心理学、社会学、人类学和跨文化交流学等）的知识。为了更好地服务于教学，英语教师还应进行科学研究，撰写一些学术或研讨式的专业论文。为搞好科研，英语教师还应学习一些外语教学中的科研方法及统计学、计算机等方面的知识。总之，英语教师应该是一定层次英语方面的行家、专家。

（二）创新发展的推动者

教育是一门科学，但作为一种实践活动，又是一种艺术，需要创新性地发挥教师的才智。教师要灵活地应对教育的实际情况，机智地处理教育问题，区别地对待不同的学习对象，巧妙地引导学生的思路和情绪。一个英语教师如果在上课时只是按部就班地把知识灌输给学生，则充其量不过是一个“教书匠”而已。可以说，没有创新，不懂教育艺术，就谈不上真正的教育。一个懂得教育艺术的教师会让学生不知不觉地跟着他走，学生的情感和理智都会被他所牵引，就如古人所说的“善教者使人继其志”。教师只有善于灵活、创造性地对学生进行教育，才是一个教育艺术家；不会创新的教师，不但不能引导学生创新，反而会打击和压抑学生的创造性。

马克思说：“能给人以尊严的只有这样的职业——在从事这种职业时，我们不是作为奴隶般的工具，而是在自己的领域内独立地进行创造。”创新不但是一种高超的工作素质，也是一种积极上进的敬业精神，同时还体现出教师把学生当作平等的教育对象来研究的良好心态。只有这样教师在教育创新中才会真正体验到教书育人之乐，并发现生活的意义和自身的价值。教育创新是给教师带来尊严和欢乐的重要途径，是促使教师学生共同进步从而达到“教学相长”的法宝。不善于教育创新的教师，将适应不了教育工作的需要。由此可以看出，教育创新对于教师是多么重要。没有教师教学创新能力的提升，就很难有高的教育质量；没有教师的主动发展，就很难有学生的主动发展；没有教师的教育创造，就很难有学生的创造精神。总之，教育是一个使教育者和受教育者都变得更完美的职业。而且，只有当教育者自觉地完善自己时，才能更有利于学生的发展。

（三）人际关系协调者

教育家陶行知先生说过一句著名的格言：“千学万学学做真人，千教万教教人求真。”教师的职责不只是传授一些知识，还要教学生做人。教师要善于协调和处理一些校内和校外的人际关系，帮助学生解决人际纠纷，促进人与人之间的沟通，处理好自己与学生之间的关系。联合国教科文组织提出现代青年应当“学会做人，学会关心，学会相处，学会学习”，要求教师对学生进行言传身教，亲自协调各种关系，促进学生与学生、学生与教师、教师与家长、教师和社会之间的沟通，化解各种矛盾和误会。一个只会死板地教书的教师，一个居高临下、冷漠无情、不善解人意的教师，一个不通人情世故的“书呆子”，是无法帮助学生解决复杂多变的人际矛盾和困惑的。英语教学的过程就是一个教师与学生、学生与学生的交际过程。在这个过程中，教师应成为人际关系的协调者。

（四）教师是课堂的设计者、组织者、导入者

在当前大学英语教学改革的新形势下，教学方法应从着重“教”向强调“学”转变，坚持以学习者为中心，切实变主导者为指导者，变导学式教学为学导式教学。教师不再是教学活动的中心，而是一个设计者、组织者。

教学的视野应从“语言技能”向“跨文化交际”转变。语言学习的目的在于运用，而运用是一种社会行为，受制于文化，特别是在全球跨文化交流的今天。因此，大学英语教学在培养学生的语言技能的同时，应以跨文化交际能力的培养为先导。教师应根据课程目标和教学内容，考虑学生的生活经验、文化背景、兴趣爱好和心理特征，结合现代特征，设计符合学生兴趣的教学活动。轻松、和谐的学习氛围和形式多样的训练形式是提高学生综合应用能力的基本保证。

（五）教师是学生交际活动的合作者、参与者

教学活动不仅是一种个体活动，更是一种团体活动。在课堂教学中，应积极展开师生之间、学生之间的合作。合作学习被视为多边互动的交流过程。在教学中，学生都希望得到教师的认可。教师则应积极主动地成为学生的朋友，走近学生，参与他们的活动；还可以直接作为一员参与学生的交际活动，以平等、尊重、欣赏、关心的态度对待学生；在学生分组讨论过程中，教师要走动巡视，积极进行辅导，及时提供帮助；在学生表演过程中，教师应充当观众，监督指导，以欣赏、鼓励的心态观看学生的表演。

（六）教师是学生的指导者、评价者、激励者

教学改革强调“以学生为中心”这一教学思想，即重视充分发挥学生的主体作用。但这并不意味着教学改革排斥教师的作用；相反，教师的作用更加重要。作为指导者，教师应指导学生确定适当的学习目标，指导学生掌握研究问题的思路和办法，指导学生形成学习策略，指导学生收集、处理信息，指导学生发展自己的优势和个性，指导学生学会交往。

美国认知心理学家杰罗姆·布鲁纳（Jerome Bruner）指出：“学习最好的刺激就是对所学材料的兴趣。”他还指出：“学生对其学科的兴趣和他在这一学科取得的成就的大小有着密切的关系。因此，兴趣是学习的内驱力。”心理学的研究也表明，尽管学生非常希望能用英语表达自己的思想，但是他们往往不愿意参加能够提高他们口语技能的口语活动。因此，在课堂上，教师要创造一种轻松、和谐的英语学习气氛，解除学生的紧张情绪，消除

学生的心理障碍，有效地组织生动、活泼的课堂活动，运用启发性的问题充分调动学生的积极性，要成为学生学习的积极引导者、激励者。

教师的话语评价起着举足轻重的作用。在课堂上，教师要经常采用主动式教学原则，及时帮助有需要的学生，及时解答学生的问题，特别是对主动性差的学生更要予以必要的督促和鼓励。

（七）教师是学生的信息咨询者

在信息时代，新知识、新事物随时随地都在大量涌现，终身学习成为必然。网络资源为终身学习提供了强有力的支持，在信息技术融入教学的情境中，教师应从指导者的角色退居为协助学生学习的辅助者、信息咨询者。教师应指导学生利用信息技术发现问题、分析问题、解决问题，进而建构出属于学生自己的知识系统，使学生不只是信息技术的使用者，亦是信息的生产者。

（八）教师是研究者

目前，我国大学英语教师将面临新的、更高要求的挑战。如何运用行之有效的旧方法和利用先进的多媒体、网络手段研究新的方法；如何引导学生主动进行自学英语实践，突破课堂教学和规定教材的局限，激发学生的学习兴趣；如何开展语境化教学，活跃课堂气氛，培养学生发散性思维的能力，扎扎实实地提高我国大学生的语言综合应用能力，以满足社会发展对我国英语教学改革提出的要求，培养适应社会发展所需要的综合型全面发展的高素质人才，是每位英语教师需要思考和实践的问题。大学英语教师应在提高自身素质、提高教学水平的基础上搞好科研工作。

第三节　英语教学中的学生

一、学生的概念

学生是教育活动的重要一方，是教育活动的反映者，也是教育成果的体现者。学生是具有主动性的人。学生以其接受教育后发生合乎目的的变化来体现教育过程的完成。教育的过程如果不与学生的主观能动因素发生联系就无从实现。只有当教师有目的的活动与学生有目的的活动对应时，教师才能实现教育目的。一般来说，学生是指在各类学校和研究机构中学习的儿童、少年和青年。按学习阶段，学生通常分为小学生、中学生、大学生、研究生等。按终身学习、终身教育的观点，学生泛指一切受教育的人。中国古代所谓弟子、学生或从学者，指的都是学生。在现代教育学中，学生既是教育的对象，又是自学和自我教育的主体。

二、学生的本质属性

当一名教师面前出现了一群学生时，从一个教育工作者的角度应该怎样看待他们，怎样处理与他们的关系，这是一个教师的学生观问题。教师的学生观是教师不同的教育观念、不同的教育思想、不同的教育主张在学生教育方式方法问题上的集中体现，是教师行为中的一种可显示的行为。下面分三个层次讨论学生的本质属性：

（一）学生是人

学生是人，这是人所共知的命题。但是，在实际教育活动中，乃至在教育理论中，却往往出现忽视甚至否定学生的人的属性的情况。学生是人，这里所指的人应当包括哪些方面的含义呢？

1. 学生是一个能动体

与生产劳动的对象不同，教育的对象是活的能动体。所谓活的能动体，首先，他具有发展自身的动力机能。他不仅与其他生物一样能够通过对外界的摄取活动使自己的机体得以保存和发展；更为重要的是，这种动力机能还表现为他能够以人特有的能动性，创造和满足自己的物质需要和精神需要，并用以发展自己的身心。其次，作为一种实践对象，他不是消极被动地接受塑造和改造，而是能够意识到自己是被他人塑造和改造的，从而可能自觉地参与到教育过程中去，以一种与教师相重叠的活动参与并完成教育的过程。

2. 学生是具有思想感情的个体

学生是有血有肉的人，各具思想感情。这也是与作为物的劳动对象完全不同的。因此，在教学中，学生的心理反应不仅限于认知范围，还必然会与教师建立起其他心理，诸如情感需要等的联系。而各种心理同时又必然是双向的，如教师对学生产生某种感情，学生对教师也产生某种感情。学生是一个具有思想感情的个体，意味着他具有独立的人格，他有自己的需要、愿望和尊严，这一切都应当得到正当的满足和尊重。学生不同于物品可以听任摆布，屈从于人。

（二）学生是发展中的人

1. 青少年学生具有与成人不同的身心特点

青少年学生不是成人的雏形，他具有自身的身心发展特点。教师不能在教育工作中抹杀他们的特殊性，也不能向他们提出与成人相同的要求和行为标准。

2. 青少年学生具有发展的潜在可能

对发展中的人来说，他们身上所展现的各种特征都还处在发展变化趋向成熟的过程中，并没有到达发展的顶峰和终极，他们的身上潜藏着极大潜力。即使他们的身心已经出现某种发展的不足之处，如思想行为出现缺点、错误，但较之成人来说，他们一般还有矫正的可能性。

3. 青少年学生具有获得成人教育关怀的需要

由于青少年学生各方面发展得都不够成熟，获得成人的教育和关怀就成为他们发展中的必然需要。教师只有充分地认识到这一点，才能以一种培养的观点去对待学生，积极发挥教育的作用。

（三）学生是独特的人

每个学生都有自己独特的内心世界、精神生活和内心感受，也就是说，每个学生都有自己独特的个性。

1. 学生是完整的人

每个学生都是一个整体，教师把学生仅仅看作受教育的对象或学习者来对待是不恰当的。在教育活动中，作为完整的人而存在的学生，不仅具有全部的智慧力量和人格力量，而且体验着全部的教育生活。也就是说，学习过程并不是单纯的知识接受或技能训练，而是伴随着交往、创造、追求、选择、意志努力等的综合过程，需要学生的整个内心世界全部参与进来。如果教师不从人的整体性上来理解和对待学生，则教育措施就容易脱离学生的实际，教育活动也将难以取得预期的效果。

2. 每个学生都有独特的个性

“人心不同，各如其面。”每个学生都有自己的独特性。这种独特性既是学生个性形成和完善的内在资源，也是教育努力的重要目标。

第四节　英语教学中教师与学生的主客体关系

教师与学生的关系是教学中的一个最基本的问题，也是长期以来人们争论不休的问题。在教学过程中，师生的基本活动大致包括教师的教、学生的学、师生交往三种。这三种活动可按其性质的不同分为两个方面：一是教师与学生的认识活动，即教师教的活动与学生学的活动，这方面的师生关系主要是认识论意义上的关系，即主客体关系；二是教师与学生之间的人际接触、人际沟通活动，即师生交往活动，这方面的师生关系主要是社会学意义上的关系，即人际关系。因此，关于师生关系，我们主要从教师与学生的主客体关系和师生人际关系两个方面来讨论。必须特别注意的是，这两个方面的关系只是考察师生关系的两个角度，在现实的教学过程中，这两个方面的关系是密不可分的。

一、主客体关系的含义

主体和客体是认识论上的一对范畴：主体是指实践活动和认识活动的有目的的承担者；客体是实践活动和认识活动所指向的对象。主体与客体是一对关系范畴，是就具体的活动而言的，离开具体的、现实的活动，就无所谓主体与客体。

活动中的主体具有主体性。主体性包括自主性、能动性、主观性等，其中自主性是主体性的本质规定。所谓自主性，是指活动的自我决定性，其主要表现在三个方面：第一，活动者自己确定目的，为实现自己的目的而进行活动。换言之，个体进行的活动是有目的的，“这个目的是他所知道的，是作为规律决定着他的活动方式方法的，他必须使他的意志服从这个目的。”① 第二，活动者在活动中自己选择活动的方式方法，自己掌握活动的进程。第三，活动者在活动过程中进行自我监督、自我控制、自我调节。活动的主体只能是人，而不可能是其他事物。但是从事活动的人未必是主体，只有有目的地进行活动的人才是主体。客体是与主体相对而言的，是作为主体的人的活动所指向的对象，是主体所要认识、改造的对象。客体可以是人，也可以是其他事物。

主体与客体之间的关系主要表现为三个方面：第一，两者是互相规定的。离开客体，也就无所谓主体；离开主体，也就无所谓客体。第二，主体是活动中的主导，是活动的目的之所属；而客体是为主体服务的，是作为主体实现目的的条件和手段而存在的。主体正是通过认识和改造客体展现自己的本质力量，丰富和发展自己，以实现自己的价值。第三，客体对主体具有制约性。客体是相对主体来说的客观存在，主体以客体为对象而采取的活动，受到客体的制约。主体必须符合客体的特点，遵循客体固有的规律，才能获得成功，实现主体的目的，满足主体的需要。

二、教师与学生的主客体关系问题

关于教师与学生的主客体关系问题，教育学界历来存在争论，观点各异，其中主要的观点可以概括为以下四类：

（一）“教师主体，学生客体”说

这类观点认为，教学过程是教师教授、影响学生的过程，教授、影响活动的执行者是教师，而学生是作为教授、影响的对象而存在的，所以主体只能是教师，客体是学生。教师通过什么来影响学生呢？答案是通过教材。所以，教材是主体（教师）作用于客体（学生）的中介。这类观点可称为“教师中心论”。

（二）“学生主体”说

这类观点认为，教学过程是学生进行认识活动从而获得发展的过程，认识活动的承担者显然是学生，因此学生是教学过程中的主体；学生的认识活动所指向的对象是教材，因此教材是客体。那么，教师在教学过程中处于什么地位呢？对此，持这类观点的人又有两种不同的见解：一是认为教师起辅助作用，即辅助作为主体的学生，围绕学生转，这就是“学生中心论”；二是认为教师起主导作用，而学生所处的主体地位乃是教师主导下的主体地位，这就是在国内广为流行的“教师主导，学生主体”说。

（三）“学生双重地位”说

这类观点认为，在教学过程中，学生是教师影响、教授的对象；就这个意义来说，学

① 卡尔·马克思．资本论　第1卷[M].北京：人民出版社，1975.

生是客体。同时，学生又是学习活动的承担者；就这个意义来说，学生是主体，因此学生在教学过程中既是客体又是主体，处于双重地位。这类观点主要包括两种具体观点。第一，就教的活动而言，教师是该活动的承担者，因而是主体；学生是该活动的承受者，因而是客体；教材是中介。而就学的活动来说，学生也是主体，教材是客体，所以学生处于一种双重地位，而教师永远是主体。第二，教师与学生互为主体与客体。一方面，教师在影响学生，因此，教师是主体，学生是客体；另一方面，教师又是学生认识、影响和学习的对象，因此，学生是主体，教师是客体。而教材则是教师影响学生的中介，是学生学习、认识活动的客体。

（四）“教师和学生都是主体”说

这类观点认为，教师和学生都是人，都能有目的、能动地从事各项活动，都是教学过程中的主体；教材是客体。这类观点主要包括三种观点：第一，教学过程包括教与学两个方面的活动。在教的活动中，教师是主体，教材是客体；在学的活动中，学生是主体，教材是客体，所以教师与学生是两个平行主体，故称为“平行主体说”。第二，虽然教学过程包括教师的教与学生的学两个方面，但教与学在目的、对象、手段上是共同的，因而是复合在一起的，教师与学生是复合主体，教材是客体。第三，教师与学生都是教学过程中的主体，他们面对共同的客体即教材；教师与学生之间的相互作用是一种交往活动，他们在认识论上的关系是主体间关系，即主体与主体之间的关系，这就是近年来有些学者提出的“教师与学生之间的主体间性”观点。

笔者赞同第四种观点，即教师与学生“双主体说”。

三、考察教师与学生之间的主客体关系的方法

怎样考察教师与学生的主客体关系呢？在笔者看来，应遵循以下几点：

（1）主体与客体是一对关系范畴，是就特定的活动而言的，而教学中的活动是具体的、复杂多变的，因此主客体关系是具体的、复杂多变的，不能用一种简单的模式概括。

（2）教学过程中的主客体关系，只是教师与学生在认识论意义上的关系，因而只在教师的教与学生的学这一范围内存在。就学生的学来说，学生就是认识主体。在这一认识过程中，除了学生这一主体之外，不允许有任何一种超主体的“教师主导”力量存在，否则就失去了认识论的意义了。因此可以说“教师主导，学生主体”只是一句教育口号，而不是教育中的一个理性问题。就教师与学生的交往活动来说，无所谓主客体关系。

（3）在教师教与学生学的具体活动中，要判断谁是主体、谁是客体，关键是看谁是活动目的的确定者、活动过程的支配者。例如，就学生来说，他是不是主体主要取决于他是否确定或参与确定有关活动的目的、是否决定或参与决定有关活动的过程，如果是，则为主体；如果不是，则为客体。

（4）判断学生是否确定或参与确定有关活动的目的、是否决定或参与决定有关活动的

过程，要以事实为依据，而不能以应该怎样为依据，即应该做事实判断，而不能做价值判断。教师与学生的主客体关系是很复杂的。就教的活动而言，主体当然是教师，学生是客体，教材是中介。当然，学生势必影响教师的教，但这种影响是客体对主体的影响。就学的活动而言，本来的情况应该是：主体是学生，因为学生是学习这种认识活动的执行者；学习活动的对象即教材是客体，同时教师也在一定意义上是学生的客体，这是指教师身上供学生学习的那些特性而言的。但是，实际情况就复杂多变了。在有些情况下，学生确定学习目标，决定学习过程，或与教师共同确定学习目标、决定学习过程，因而是单独的主体或与教师共同构成主体；在有些情况下，学生完全附属于教师的教，对所从事的学没有自主性，虽然有所活动，但这种活动实际上是客体在主体的作用下产生的运动，就像别的物体在人的作用下产生的运动一样，尽管人作为客体时与物体作为客体时相比较有些特殊性，但在这种情况下，学生仍然是客体，因为学生被教师所替代，这可称为"主体替代"。因此，在英语教学中，教师与学生的主客体关系不是一成不变的。

四、处理教师与学生的关系的方法

在英语教学过程中，怎样处理教师与学生之间的主客体关系？主要有以下三个方法：首先，教师应该充分发挥自己教的主体性。这包括两层含义：一是教师要发挥自己的主观能动性、积极主动性，自觉地把握好自己教的活动；二是教师的教要以学生的特点和学习规律为前提和依据，因为主体的任何活动都必须以客体的特点和变化规律为前提和依据，而且作为教师教的活动之客体的学生是具有主观能动性的人，因此遵循学生的特点和学习规律就显得尤为重要。如果违背了这一点，教师的主体性就不能得到恰当、有效的发挥。其次，充分发挥学生学的主体性，引导学生参与确定学习目标和学习计划，积极、主动地进行学习，在学习过程中自觉地进行自我调控。最后，应该充分认识到主客体关系仅仅是一个认识论概念，它仅仅表示认识活动的两端，即作为认识活动执行者的主体和作为这种活动承受者的客体，而无任何道德或法律含义。不能把主客体地位上的差异转化为或者理解为道德或法律地位上的不平等；也不能因为主张教师与学生在道德和法律地位上的平等，而取消他们在主客体地位上的差异。

第五节　英语教学

一、教学的概念

教学既可以是指日常语言中所使用的普通名词，又可以指作为专业术语使用的科学概念。

在英语中，涉及教学的单词有 teach（教、教导）、learn（学、学习）和 instruct（教导）。

teach 与 learn 最早表达的是同样的意思，可以通用。teach 和 instruct 这两个词的释义确实还有分歧。例如，有人认为，前者多与教师的行为相联系，作为一种活动；后者多与教学的情境有关，作为一种过程。但绝大多数学者还是把它们当作同义词，认为它们可以互相替代。

英语教学的概念可以分为以下五类：

（一）描述式定义

描述式定义，即传统意义上的教学。由于词义本身就有一个发展的过程，随着时间的推进，人们对它的观察、认识、体验不断深入，它的外延、内涵、含义都会发生或多或少的变化。例如，早期的教与学是同义的；在 15 世纪时，教学指的是提供信息，向某人演示如何做某件事情，就某一课题授课；今天，传统意义上的教学并不是与此截然不同，教学的描述性定义可做如下表述：教学是指传授知识或技能。

（二）成功式定义

成功式定义，即将教学作为成功式，表明教必须包含学这样一种思想。在大量的英语教学文献中，“教 – 学”（teaching-learning）这一表达方式，预示着两者之间的联系，表明教与学是相互牵连、不可分割的。再从上述的词源分析来看，教与学也是不可分割地联系在一起的。“I will learn you type writing”这句话多少暗含着：如果我教你的话，你将会知道如何打字。这正是教学的成功概念的要旨所在——教必须保证学。依据这一观点，教学可定义为 X 学习 Y 所教的内容的一种活动。如果 X 没有学会，则 Y 没有教。约翰·杜威（John Dewey）曾用一个公式将教学的这一概念简洁地表示出来：教与学犹如卖与买。既然没有人买，也就无所谓卖。当没有人学会时，也就无所谓教。“教学”意味着不仅要发生某种相互关系，还要求学习者掌握所教的内容。

（三）意向式定义

意向式定义，即将教学作为一种意向活动。它表明，尽管教学在逻辑上可以不包含学，但人们可以期望教引起学。一个教师可能并不成功，但人们期望他尽力争取教学成功。教师尽力争取搞好教学，并不仅仅是从事这一活动，还要注意眼前所发生的事情，做出判断以及改变自己的行为。一个人尽力争取做好某件事情，在一定程度上就是有意向做这件事情。从这个意义上说，教学是一种有意向的行为，其目的在于诱导学生学习。教师的行为表现是受他们的意向所左右的，而他们的意向是以教师自身的信念体系和思维方式为基础的。

（四）规范式定义

规范式定义，即将教学作为规范性行为。它表明，教学的活动符合特定的道德条件。也就是说，只要符合一定道德规范的活动都是教学。这种道德条件主要是使教学得以进行的活动中理智的数量——事实根据与推理运用的数量。据此判断，在教学及其活动中，训练、教导居于教学内涵的中心地区，是教学的最基本活动；灌输和条件反射则居于教学内涵的边缘地带，与教学密切相关。训练和条件反射由养成行为和培养技能的活动构成，教导和灌输则由发展知识和形成信念的活动组成，而恐吓和生理威胁则完全不是教学。恐吓和生理威胁伤害了受教育者的身心，是一种反教育的行为，更谈不上是教学了。

（五）科学式定义

尽管前面所分析的各种教学的定义在一定程度上阐明了“教学”一词在用于论述教育问题时的各种含义，但还没有精确到在运用这些概念时，每个人都有一致的看法。关于教学的这个专门性定义由以“和”“或”“含义为”等词连起来的一组句子构成。

如何给“教学”下一个规定性定义，这是一件并不容易但教师又非做不可的事情。因为，教师只有弄清教学的概念，才能对教学理论进行进一步的探讨，才能明了在实践中应该采取何种恰当的策略履行教学职责。在讨论教学理论之前，有必要弄清“教学”的定义。

二、教学的规定性定义

这里的规定主要依据约定俗成的用法和讨论便利的需要，而且是在理性思维层面的，并不是对教学实践活动的规定。

（一）教与教学经常是通用的

从汉字来看，这两个词的词义是不同的，或者严格地说，它们有着各自所指称的东西，有着两种不一样的定义。但是，我国教育话语系统中约定俗成，所谓的“教学理论”实质上就是“教的理论”。因此，笔者认为，教与教学是可以通用的。

（二）教与学在理性思维中是可分的

教学实践确实是由教和学两种活动所构成的，没有教师和学生的参与就无所谓教学了。出于理性思维的需要，应从局部和片面出发，以便更深入地认识统一的、整体的客观对象，正如人们把一个完整的人分解成身和心两部分，据此才有生理学和心理学一样；然后再按二分法，把人的心理分成认知和情感两部分，才有认知心理学和情感心理学。实践中的教学活动必须至少从教与学两个方面来认识与研究，否则就无法深入地分析，并抽象地升华为理性认识，因此教与学不仅是可分的，还是必须分的。于是就有两种理论形式，即关于教的理论与关于学的理论。

（三）“教的行为”是教学理论的中心问题

每一种理论都包含着它自己固有的研究对象与中心问题。当把教学实践分成教师的教与学生的学两部分之后，教师教的活动就是教学理论所研究的对象。在教的活动中，教师教的行为就是教学理论的中心问题，围绕这一中心问题展开有这样两个问题：一是“教是怎样影响学的”；二是“怎样的教才是有效的”。这两个问题是教学理论无法回避、必须回答的问题。

（四）教学（教）是教师引起、维持与促进学生学习的所有行为

教学理论关注的主要是教师行为，而不是学生行为。教师教的行为比较广泛，大体上，按教学活动的展开，可以分为教学前（准备）、教学中（实施）与教学后（评价）三个阶段，而且每一阶段都有多种具体的行为方式。那么什么样的教师教的行为最能体现“教”的本质特征呢？或者说“教”的本质特征是什么？笔者认为，教师的所有努力都是为了学生进步，教学的效能主要体现在学生进步上，而不是体现在教师有无完成具体的教学任务上。“学生进步”可以从三方面来体现：一是注重结果的可量化的、可操作的预期目标；二是注重体验的过程性目标；三是注重创造的表现性目标。后两种目标都是无法完全清楚鉴定的东西。因此，我们把“教学”定义为“教师引起、维持或促进学生学习的所有行为”。这也是一种意向 - 成功式的定义。

（五）教学行为即探究行为

教学本质上就是一种探究，因为教师从事教学专业的工作对象是活生生的人，而不是相对静止的物，这是教学专业与其他专业的区别所在。这种专业特性决定教师的专业工作方式必须面对教育情境中的不确定性。教师每时每刻面对的情境都具有即时性，都有一些不同的地方，需要教师来面对、来处理；也就是说，需要教师去解决、去探究。例如，从理论上说，上课之前的备课或者说确定计划是不可缺少的；然而，这并不是说实施就是贯彻执行计划，而是要根据课堂情境进行调整。研究表明，计划充分的教师对学生反倒不敏感，较少鼓励学生谈自己的看法和进行讨论。另外，计划详尽的教师所教的学生比计划简略的教师所教的学生在学习态度上的分数要低。这就说明，如果教师不随机应变，那么计划有可能起负作用。计划毕竟是带有主观性的设计蓝图，实施时的灵活性非常重要，新教师与老教师的差别往往就在于此。因此，教学即探究，教师即研究者。

三、教学活动的逻辑必要条件

当尝试分析了教学概念，并给“教学”下了规定性定义之后，教师还必须了解教学活动的逻辑必要条件。换言之，教师必须明确，什么样的活动才算是教学、什么样的活动不是教学、教学应该具备什么样的逻辑必要条件。一般认为，判别一种活动是不是教学活动主要依据下述三点：

（一）引起学生学习的意向

尽管具体的教学活动并不存在一种使人容易识别的“教学”标记，但不管怎么说，一个共同的特征还是明显的——在所有教学活动的背后，都存在着引起学习意向的问题。教学已经不再是那种通常为大多数人所公认的用法，即教学是指人们必须学习某种东西。相反，教学意味着教师有目的地引起学生学习的意向。

把教学看成是由有目的的活动所组成的，无论这些活动可能采取哪种特定的形式，这对于教师从“把教学只当作传授知识或演示技能”这种传统观点中解放出来，是很重要的。

因为教师要学生学习的各种事情在性质上是极不相同的，如概念、信仰、技能、习惯、态度等，学习过程也各不相同，所以旨在引起众多的学习形式的教学活动必然是多种多样的。此外，在某些场合，教师所要求的学习最好由学生自己完成。教师应给学生以自行决定活动程序的机会，或给他们先自己发现问题，然后再加以条理化的机会。这样的活动，如果不是教学的全部，那么至少也是教学的一部分。如果这种活动的意向只是学习，而没有其他，那么这种活动完全符合“教学”这个术语的本义。

（二）明释学生所学的内容

这里的“明释”是指教师的说明与解释。教学除了要有引起学生的学习意向之外，至少还有两个特征，这两个特征是与学习的两个特征相联系的。教学活动是学生学习某种特定事物的活动。这始终是必然也是事实。教学过程在某种意义上包括学生自身的经验，这同样也是事实。教师在考虑教学时，事实上必然也会考虑怎样把某些东西教给别人。如果有个人并没有通过某种手段确切地呈现要学习的内容，却说自己正在教学，这将是令人费解的。事实上，无论有人教游泳的意向多么坚定，但如果他把对英语语法结构的分析当作是在教游泳，那就是荒唐可笑的。教学的意向需要有相应的、以目标为定向的内容和方法来实现，否则，意向就成了空想。因此，为了实现教学的意向性，教师必须向学生说明、演示、描述、解释学习内容，如果不是公开地这样做，至少也要有一定的暗示。对教学来说，最重要的是以目标或内容为定向的行为，即教师在教学中呈示学生学习的各种内容、采用问答的方法、设计教学卡片、组织安排发现的情境、指导学生的活动等多种形式，我们把这些行为称为“主要教学行为”，简称为“主教行为”。

其实，教学过程还有另一类行为，即以学生或情境为定向的行为，称为“辅助教学行为”，简称为“助教行为”。尽管这类行为没有主教行为那样直接、有计划性，却是任何教学过程都不可缺少的，也是很有价值的行为。例如，教师在教英语时，必须采用某种方式向学生描述语言的各个方面，如设置情境、讲故事、角色扮演等，以便激发学生对学习的兴趣和参与程度；同时，要给成功的学生以祝贺、微笑或其他积极强化的方式等。

（三）采用学生易于理解的方式

即使上述两个条件都符合，人们所做的努力也有可能不是教学，因为这些努力不能证明学生事实上能够学会所学的内容。正如特定的教学活动必须说明特定的内容一样，教学活动还必须用学生易于接受的方法，也就是适合学生发展水平的方式给学生讲解教学内容。如果教师坚持采用不易被学生接受的方式就不是教学，这种主张已越来越强烈，比较传统的方法一直明显地倾向于只考虑清楚地表达学生要学习的内容，而对学生认知状态的情况采取想当然的做法。

如果上述的分析是正确的，那么真正的教学活动必须符合三个逻辑上的必要条件：引起学生学习的意向；向学生讲解所学内容；采用学生易于接受的方式。

第六节 英语教学目标研究

从培养目标的角度来讲，把学生培养成为什么样的人是关键。我们可以把外语教学可能的教学目标总结为以下六点：

一、帮助学生理解英语

教师要使学生了解英语这个过程仍然是一个使能过程，但不是使学生掌握技能和学习本领，就像开车和修理机器一样，而是使学生动脑筋学习语言知识。学生的学习过程不是一个行为过程，而是一个心理过程，教学的中心仍然是学生。

在这个过程中，学生是中心，是关键的参与者，而教师只是帮助者和使能者，与第三种情况相同。但是，在此不是要引学生学会做事，而是要扩展学生的思维活动，使学生获得新的知识。教师的任务是提供学生所需要的一定量的知识。

这里需要考虑的是“知识”一词。通常认为学习语言有两种方式：学习语言和学习有关语言的知识。在此，知识纯粹是指有关语言的特点和运作的知识，但掌握语言知识也可以被称为懂英语。而“懂英语”除了要掌握有关语言的知识的含义外，还要会说这种语言的含义，这就在解释“懂英语”上产生了歧义。它既表示学习英语意味着学会有关语言的知识，也表示学会说这种语言。这两种解释实际上代表了两种不同的教学模式。从第一种模式的角度讲，学习知识只让学生理解和记忆即可，而不必让学生去进行实际的操练和实践，其重点是心理活动。从第二种模式的角度讲，学生不仅要理解和记忆所学的知识，还要学会实际的语言运用技能，学会把所学的知识运用到实际语言交际中去。同时，学生还要学会在一定的文化语境中，即在目标语文化中，从事所要进行的交际活动和学会语言要完成的交际功能，以及所要运用的语言知识。这样，教学的目标可以有两个：使学生学会有关语言的知识和使学生会讲这种语言。

二、帮助学生学会英语

“教师使学生学英语”，在这一教学过程中，学生学习英语，教师帮助他们达到目的。学生是行为者，是教学的中心；教师是使能者，可以采用各种各样的手段来帮助学生学习英语。例如，教师可使用各种各样的现代化技巧和设备来帮助学生学习。

这一教学模式距离现代教师对教学的认识十分接近，教师首先考虑的是学生，而教师的工作就是指导和帮助学生。但是，教师没有考虑的是学生的任务是什么性质的、是什么样子的，而只是想当然地认为学生应该如何学习。也就是说，对教学目标没有很好地进行限定。从教学方法和程序上讲，教师把教学的主体变成学生，教师的工作只是帮助学生达到学习目的，应该说这是一个很大的进步。但这个过程所提供的只是一种方法，并没有提供教什么。教师可以让学生自己学，由被动变主动来考虑自己学什么和达到什么目标的问题。这个教学过程的目标是使学生学会英语。

以上所讲的都是物质过程，也就是说，教学的过程被看作是一种行为和动作，是做事情，是完成任务等。

三、给学生传授语言知识

“教师把英语教授给学生”的教学过程在此被视为一个物质交流过程。在这个交流过程中，主要的参与者是给予者和礼物，即教师和他所教授的语言；而学生的存在是偶然的，他只是被给予的对象。从人际交流的角度讲，教师像赠送钢笔等物品一样，把英语“给予”学生。在这种情况下，教师通常要教给学生他自认为是“好”的英语，如“标准英语”“文学英语”等。在这种交流过程中，教师处于绝对的控制地位，学生则完全处于被控制的地位。所以，学生认为什么是好的英语是无关紧要的，因为他没有发言权。教学的重点是语言，施事者是教师，学生只是受益者，接近情境成分。这是传统外语教学的模式。教学目标是教师教给学生自己认为是“好的”或者是“美的”英语，使学生学会标准的、高雅的英语。从方式上讲，教师在不停地教，而学生只能不停地接受。至于学生愿不愿意接受和能接受多少，教师不太注意，而注意的是学生是否在接受。从教学内容上讲，教师教给学生许多教师自认为是好的语言知识，特别是美的文学语言知识，无论这些语言知识是否在实际交际中有用。这是传统外语教学法的特点。教师通常为自己所选择的美的教学材料或者是美的教学方式所陶醉。教师的快乐在于知道学生懂得了自己在课堂上所教授的内容，并且欣赏自己的教学内容和课堂表演。

四、训练学生的英语技能

“教师用英语教导学生”，从人际交流的角度讲，这一教学过程的重点仍然是教师，学生是参与者之一，但学生只是一个被动角色。学生的参与受到外界因素的影响，受教师行为的支配，学生自己没有学习的主动权。但在这一过程中，教师不再是简单地像给予学生东西一样把语言传授给学生，而是把语言作为表达教师与学生的关系的一种手段。教师通过训练学生展现了自己的“权威地位”，在一系列操练过程中，使学生提高了技能，达到训练目标。从课堂内容的角度讲，在这一教学过程中，教师通常提供大量的课堂训练、课堂练习和大量考试，教学目标是使学生掌握运用语言的技能。

从教学方式上讲，教师主要让学生进行大量训练，开展许多活动。学生是这些活动的参与者和训练对象。这种教学模式既类似传统教学法中教师主导一切的模式，也类似模式训练法的教学模式，学生只是被训练的对象，自己没有主动权，所以难以发挥学生的主观能动性。这是一种结构主义和行为主义的教学模式。教师的主要任务不是使学生学习语言知识，而是使学生获得语言技能。但是，这种技能不是实际运用语言的能力，而是一些语言模式。这些模式大部分是一些根据结构主义理论提炼出来的语言结构模式，而不是根据情境语境中的语境模式提炼出来的语言功能模式。

五、发展学生的意义潜势

“教师使学生成为讲英语的人”，在此，教学过程被看作一个关系过程，教师仍然是一个使学生能够做某件事情（讲英语）的人。教师不仅仅要使学生能够做某件事情，还要使学生成为一个能讲目标语的人。语言被视为一个“潜势”，称为“意义潜势”。教学的目的是使学生掌握这一潜势，使学生会用语言来表达意义，这显然既包括使学生掌握有关语言的知识，也包括使学生掌握语言表达的能力，学会用所学的语言说话。

通过对以上几种教学模式进行比较分析可以发现，教学过程主要被看作一个物质过程，是一种活动，主要参与者是学生和教师。即使是心理过程，教师也是一个使学生做事情的人，是控制者，而不是“感受者”或者“现象”。在这个过程中，教师所起的作用是不同的。他可以是控制者和行为者，学生是目标，也就是说，学生只能被动地接受教师传授给自己的任何教师认为重要的东西；教师也可以是训练者，成为教练，让学生做一系列活动和动作，教师是指挥和指导者，学生是活动的进行者，是行为者。教师还可以是使学生做事的人，组织学生从事一系列学习活动。从这个角度讲，这几种模式有一个共同点，就是教师的作用越来越趋于向背景移动，而让学生成为主要角色。学生逐渐成为教学活动的主角和中心。这是现代语言教学理论和方法发展的趋势。最后一个模式是一个综合模式。它不把任何一种模式作为首选模式，而是根据具体需要和不同的阶段选择不同的方法。

通过对以上几种教学目标的分析和比较可以发现，英语教学中的目标可以是以下几个：

（1）帮助学生理解英语。

（2）帮助学生学会英语。

（3）给学生传授语言知识。

（4）训练学生的外语技能。

（5）发展学生的意义潜势，但英语教学的主要目标是学生掌握外语的相关技能。

英语知识的学习只是辅助，有利于促进外语学习，但不能代替外语技能的训练。英语教学的较高目标模式应该是综合性的以发展学生的意义潜势为主，最高目标应该是培养学生的跨文化交流能力。

六、跨文化交流能力的培养

随着英语教学大纲的颁布、英语教学改革的深入，培养学生交际能力的意识越来越深入人心。但是，在英语教学实践中不难发现，尽管教师在培养学生听说读写言语技能方面花费了大量心血，但教学效果并不明显。通过分析发现，现行的围绕听、说、读、写、译等言语技能训练所编的教材及教学方法存在着一定问题。严格地说，目前大学英语教学还没有突破语言知识的掌握和言语技巧的训练的限制，学生所学到的更多的是语言表面的知识。所以，学生说出的话、写出的文章尽管语法上正确，却不够得体。因此，笔者认为，英语教学仅仅重视言语技能的训练是不够的，还必须注重交际能力的培养。交际活动不但要求言语的正确性，还要求言语的得体性。所谓“得体”，就是言语要符合目的语的言语行为规范和文化规则及言语所处的社会文化情境。实践证明，言语技能的训练不能自然生成交际能力；交际能力的形成除了受语言因素的影响外，还受社会文化能力、语境能力、行为能力等诸多要素的影响。因此，要想培养学生的交际能力，教师在英语教学中除了传授语言内容和进行言语技能训练外，还必须努力对学生进行跨文化条件下语言能力、语用能力等的专门培养和训练，以提高学生在特定的社会文化情境中的跨文化交流能力。

培养学生的跨文化交流能力是英语教学的最高目标。英语教学过程实际上是一种文化适应的过程。一方面，它要求学生把目标语文化也就是英语文化与自身现有知识进行等值条件下的转换；另一方面，它要求无条件地但又积极地理解、吸收与本国文化不同的信息。由于英语与汉语存在巨大差距，因此，学生在学习英语时不可避免地会遇到文化差异造成的障碍和困难。为了消除这种障碍，英语教学就必须强化文化教学，即在教学过程中，相应地进行英语语言文化教学。从英语教学的角度讲，教授语言知识和培养言语技能是前提，也是基础，而跨文化交流能力的培养是前者的深化和提高；前者是手段，后者是目标。

第二章　大学英语教学管理

第一节　大学英语教学管理的职能范围

《现代汉语词典》对“管理”给出了三种解释：一是“负责某项工作使工作顺利进行”；二是“保管和料理”；三是“照管并约束（人或动物）”。[①]随着社会的发展及各种组织机构的出现，“管理”这个词渐渐地被应用于各个领域，也被赋予了不同的解释。搜狗百科上“管理”的定义为：“管理是指在特定的环境条件下，以人为中心，通过计划、组织、指挥、协调、控制及创新等手段，对组织所拥有的人力、物力、财力、信息等资源进行有效的决策、计划、组织、领导、控制，以期高效地达到既定组织目标的过程。它是以计划、组织、指挥、协调及控制等职能为要素组成的活动过程。广义的管理是指运用科学的手段安排组织社会活动，使其有序进行。狭义的管理是指为保证一个单位全部业务活动而实施的一系列计划、组织、协调、控制和决策的活动。”[②]

那么，大学英语管理需要在哪些方面发挥计划、组织、指挥、协调及控制等职能呢？历史上的英语教学管理比较简单，主要体现在课程设计上和教学过程中。因为在“师夷长技以制夷”的年代，学习目标非常明确、极其统一，学生被时代需求所驱动只需按照课程学习。教师采用的教学方法也不需要有太多的革新，与古代私塾教学模式基本类似，对于教学质量也没有过高的需求。而现代大学英语教学管理的基础是高校英语教学组织体系，学生基础水平不一致，未来发展方向和人生目标各有不同，这就要求英语教学管理必须根据不同的目标，按照正确、高效的程序划分调整班级，规范、科学地设计课程，合理、有效地招聘并分配师资力量，研究适合学生的教学方法，及时地得到学生的反馈，积极地进行完善和改革。高校要对大学英语教学管理的各个要素进行合理组合，充分调动和组织有效的人力、物力、财力、时间和空间，有计划地组织、指挥、协调和控制，以保证整个组织体系有条不紊地高质量运行，从而保障大学英语教学管理质量，体现学校特色及文化实力。基于上述目的和要求，大学英语教学管理主要体现在课程设计、教学过程、教师素养、教学质量等方面。

---

① 商务国际辞书编辑部．现代汉语词典[M]. 北京：商务印书馆国际有限公司，2017.

② 搜狗百科 https://baike.sogou.com/v155191.htm.

一、课程设计

课程设计就像是一次旅行前的计划，关乎教育要如何走、走向何方，是尤为重要的一部分。在大学英语教学管理中，课程设计主要包含制订教学计划、明确教学目标和布置教学任务等，其主要目的是实现教学目标，确保教师有效地完成教学任务。如果没有课程设计，那么英语教学则无目标、无计划、无内容、无标准，是盲目的，也是没有科学性的。

二、教学过程

教学过程是整个英语教学的核心部分，就像人的心脏一样，直接决定着教学的成效。如果教师在教学过程中不能很好地实施教学计划，不能根据学生的实际学习需求调整教学计划中不能适应需求的部分，那么即使课堂设计得再精致，也不能使教学效果获得质的突破，更不能让学生切实受益。因此，教学过程的重要性在于，它需要综合考量教学中实际出现的各种因素，如学生心理、学习伙伴、教学环境等。

三、教师素养

教师素养是大学英语教学管理的另一个重要因素。它不仅对学生的学习成效起到直接的作用，而且对于高校教学质量起到关键作用。在高校中，教师资源是最宝贵的资源，是制约高校整体工作效能的决定性因素。高校只有加强对教师的选拔和监管，才能更好地使学生受到高素质、高质量、高专业的英语课程教育。因此，建立一支数量充足、结构合理、素质优良、富有创新精神的师资队伍是高校发展的关键。

四、教学质量

大学英语系统的有效管理应该从反馈和评价这个主要环节入手，具体来说就是教学质量。如果离开对反馈信息的分析和评价，制订协调政策目标方案的主管人员就可能处于被动、盲目的地位，失去了决策和调控管理的主动权。因此，教师要重视学生课堂学习过程评价。所谓学习过程评价，就是强调学生课堂学习行为评价，包括学的目标、学的方式、学的过程、学的效果等全方位的评价。

综上所述，课程设计、教学过程、教师素养、教学质量几个方面是相辅相成的，如何有效地计划、组织、指挥、协调及控制这些要素是大学英语教学管理的重要职能。

第二节　大学英语教学管理中存在的问题

一、对管理认识的问题

长期以来，对大学英语教学管理的认识存在“偏颇论”。对于高校英语的教学管理，存在着多种不同的看法，其中比较普遍的是“自然论”“部门论”和“自管论”。“自然论”认为高校英语教学质量取决于教师和学生本身的水平和素质。如果教师和学生的素质都很高，那么根本不需要多加管理；如果教师和学生的素质偏低，那么一切管理也许都会收效甚微，甚至是徒劳的。也就是说，管理本身不会发挥杠杆的作用。这种观点否定了英语教学过程中科学管理的功能。“部门论”认为英语教学管理是高校管理部门和管理人员的工作，与教师关系不大。这种观点否定了教师在教学管理中的作用和职能。“自管论”认为学习是学生自己的事情，教师和高校管理部门不必多加管理。很显然，以上三种观点都具有一定的片面性，忽视了教学管理的重要性，与加强教学管理、提高教学质量的目标是背道而驰的。

二、课程设计的问题

（一）课程设计中实践环节较少

随着社会的发展，高等教育从精英阶段过渡到大众化阶段。高校从规模扩张的外延发展转变为注重质量提高的内涵建设。众多高校都提出了“以人为本，注重能力”的人才培养原则。但是，原先适合精英培养的部分选修课程暴露出了过于专业、比较陈旧的弊端，难以符合新时代人才培养的目标，以及实现创新型、应用型人才培养的目的。很多高校在英语教学中，往往将技能（阅读、语法等）、理论教学作为教学体系的重点，实践教学所占的比重很小。在这种教学模式下，学生的英语实践能力很难提升，很难符合新课标体系的要求，对学生今后的就业也会造成一定的影响。

（二）选课信息传达不到位

从以往的选课情况来看，选修课程信息的介绍偏少，使学生在选课时面临信息障碍，一头雾水，不了解课程的研究方向及课程前期基础知识的要求。很多学生仅凭感觉选课，随意性很大，等上课时才发现课程内容与自己的理解相去甚远。此外，对英语专业的学生来说，由于对专业选修课程的信息缺乏了解，部分学生在大三时就将学分修满了，大四上学期开设的一些专业选修课往往会因为选课人数太少而停开，导致选择该门课程的学生不得不进行二次选课，改选其他课程。这样既增加了教学管理部门的工作量，又使部分学生选不到自己心仪的课程。

三、教学过程问题

（一）教学观念滞后，教学方式相对单一

在新的英语教学大纲的背景下，教师应发挥课程主导的作用，学生才是教学的主体。然而，一些教师在教学设计中没有考虑学生的兴趣问题，采用单一的教学方式（如语法阅读教学），久而久之，学生对英语学习的兴趣降低，甚至会对英语课堂产生厌恶情绪，对高校英语教学整体质量和效果都造成了极大的影响。

（二）听说课堂教学方法未与时俱进

随着中外交流的日益频繁，人们对英语听说能力的要求越来越高。但是，许多学生的听力和口语能力都很薄弱，“哑巴英语”“聋人英语”现象成为大学英语教学亟待解决的问题。由于语法阅读教学的主导思想延续了将近 40 年，阅读教学已成为大学英语教师的擅长之处。一些教师面对新的挑战继续故步自封，导致出现“费时低效”的现象。例如，研究人员在对某大学的英语听说课的一项调查中发现，近半数（43.39%）的学生认为大学英语听说课堂的模式应该是借助多媒体、网络教学给学生更大的自主学习空间，教师只要发挥监控、指导作用即可；只有 16.53% 的学生认为大学英语听说课应该以教师为中心，侧重学生的应试能力。这就说明，从学生角度来说，大学英语听说课更应倾向于使用以学生为中心的各种讨论、互动、小组展示等形式，传统的以教师为主体的形式并不太受欢迎。

但是，在听说课课堂上，很多教师仍然沿用传统的大学英语听力教学模式，即教师放录音—学生答题—教师公布答案。一方面，教师一味地将大量的听力材料“灌”给学生，师生之间缺乏互动；另一方面，教师对学生的学习方法和策略指导不够，不利于学生自主学习能力的培养。此外，教师对学生的口语表达能力未引起足够的重视，加上课时的限制，造成了听力教学与口语教学时间分配的不合理。在许多独立学院，教师不注重听与说的结合，往往在课堂上只听不说，使得学生即使想说也没有机会说。部分教师也设计了口语练习的环节，但由于其教学经验尤其是听说课程教学经验不足，未能有效地组织学生开展口语活动，结果是看上去课堂很“热闹”，教学效果却“马马虎虎”。

四、教师素养的问题

（一）对专业选修课程重视度不够

部分任课教师对专业选修课程重视程度不够，主要表现为开课准备不够充分，教材选用不够严谨，备课、上课不够认真，考核过程不够严密，成绩评定不够公平，教学管理不够严格，等等，导致学生对专业选修课程教学效果满意度不高。

（二）教师之间组织沟通不足

由于各高校扩大了招生规模，所以绝大多数高校的英语教师资源比较匮乏。教师的教学工作繁重，导致彼此之间的沟通极少。此外，一周一次或两周一次的教研室活动也基本上停留在传达一些文件精神或通知一些常规的教学安排，集中备课、集中进行教学研讨的机会可以说是寥寥无几，导致教师之间缺乏对于经验教训的互相交流和沟通，同时也限制了不同年级和不同课程之间教师的沟通。同时，本学院与兄弟院系之间、学院各个部门之间也存在着沟通不畅的情况，经常出现由于沟通不足引起的重复工作导致浪费人力、物力的现象。

（三）英语教学师资结构不够合理

高校英语教师承担着教学、科研、家庭等多重压力。近年来，全国高校不断扩招，给英语师资力量造成了很大的冲击。大多数英语教师陷入了职业生涯的沼泽：教学任务繁重，无心投入科研，职称晋升成为泡影。高校外语师资结构不合理已经成为通病，这在很大程度上降低了教学的有效性，对英语课程设计也会造成一定的影响。

（四）教师科研能力不足

高校英语教师的教学任务繁重，教师通常需要超负荷工作，没有足够的时间去钻研国内外先进的教学理论，以及探索与时俱进的教学方法；久而久之，就会导致教学理念因循守旧，教学方法呆板单一，教学材料日趋陈旧，教学的业务技能也会停滞不前，甚至出现教学质量下滑的现象。高校教师科研能力不足，导致不能形成以研促教、教研相长的良性发展的局面。高校教师必须重视科研能力的提高，因为科研能力往往对教学效果有很大的影响作用。

（五）外籍教师聘任机制不科学

目前，高校聘任外籍教师大多是按照教学部门提出申请—学校审核—学校外事部门招聘的程序进行的。首先要由学校的外事部门对求职者进行初步审核，然后将筛选出的合格者推荐给教学部门，再由教学部门根据自己的专业发展和人才培养方案决定人选，之后由学校的外事部门负责外籍教师来校工作相关手续的办理。然而，现行的聘任机制暴露出了一些问题。第一，招聘渠道不通畅，信息无法验证，影响了招聘工作的效果。目前，高校对外籍教师的学习经历、工作经历等情况很难进行全面审核，对对方出具的相关证明材料难以进行真伪验证，无法全面地了解外籍教师的真实情况，给招聘工作带来了一定的风险。第二，优秀外籍教师资源紧缺，致使有的学校聘请的外籍教师素质不高，其发音带有浓重的家乡口音，甚至不具备教学资格；还有部分外籍教师来中国任教的目的仅仅是为了赚取来中国旅游的费用，其教学态度和教学水平可想而知。第三，对外籍教师的教学管理不够规范，缺乏岗前培训和科学的评估、监督体系。首先，来高校应聘的外籍教师的流动性相对较大，用人单位不愿花力气对他们进行岗前培训，而缺乏系统的岗前培训并不利于外籍教师对中西方语言文化差异及中国学生性格和特点的了解，以致出现了外籍教师在不了解学生实际水平的情况下，设计了不适合学生需求的英语教学方案。个别外籍教师甚至将中国的大学生当小学生来教，在课堂上做游戏，且游戏的内容过于简单，满足不了高校学生对信息的需求。这些都影响了高校英语的教学质量。其次，对外籍教师的教学缺乏科学的评估和监督体系。例如，有的外籍教师随意使用自己整理的资料作为教学的讲义，让习惯使用指定教材的中国学生不知道如何预习和复习，直接影响了教学效果。可以说，正是由于外籍教师的教学过程处于无人监督的状态，才导致了部分外籍教师授课随意，教学效果令人担忧。

五、教学质量问题

有些高校对教学质量的评估方向有偏颇，过分强调考试的通过率，影响了学生英语运用能力的提高。大学英语的四级和六级考试、英语专业的四级和八级考试设立的目的是提高学生学习英语的积极性，提升学生的英语水平。现如今许多高校片面地追求考试的通过率，英语教学的重点也随之被放在了辅导英语考试上面，这在一定程度上降低了学生对于英语应用能力的要求。在题型设置上，现行的大学英语四级和六级考试、英语专业的四级和八级考试都没有对学生的口语能力提出具体的要求，也并未将其列为必考内容之一。结果是大多数学生只针对英语的单词、语法、阅读和写作下功夫，而忽略了英语综合能力的提升，最终导致英语课堂教学内容不断重复，出现“内容重复引起学生自满、懈怠，学生的学习兴趣下降，学生的学习动力不足”的现象。

第三节　大学英语教学管理的完善途径

一、把控整体观念

针对课程设计，教师不应该只是为了完成学校的教学指标。进入大学后，60% 的学生不愿意继续处在应试教育的大框架下，而是期待高校可以以全新的教学内容让他们感到学习的充实和快乐，不必再拘泥于升学的压力。如果大学英语课程设计是为了百分之多少的学生可以考过大学英语的四级和六级考试，百分之多少的学生可以顺利通过英语专业的四级和八级考试，那么，以考试为目标的教学必然是枯燥乏味的，无法适应学生的需求。高校英语的课程设计应该能够符合新媒体下的科技运用，符合大学生二语习得的心理状态，营造师生间和谐有效的关系，让课堂内容学有所用。

大学英语教学管理的整体观念是必不可少的。一方面要求高校教学管理部门科学、合理地进行讨论、决策，确保调控渠道的通畅；另一方面需要自下而上的反馈和自上而下的调研，使调控和管理过程不断得到修正和完善。此外，高校要积极开展跟进教研活动，聚集讲师、副教授、教授及负责学生工作的领导定期进行教材评估，组织研讨会，探讨相关的专业理论和教学方法等。调控系统的有效管理应该从信息反馈这个主要环节入手。

二、创新教师教学理念

高校英语教师需要转变以往在课程设计中轻实践、重理论的理念，彻底改变教学理论与实践不适应的问题。只有这样，才能促进学生开阔思维，保证学生不仅具有扎实的英语语言基础知识，同时也能形成完善的知识体系与结构。另外，高校还需要致力于对英语教学思路的研究，加强教学科研工作，开设具有特色的个性化英语教学课程，包括对外英语课程等，培养更多英语人才，为学生就业率的提升做出贡献。

三、重视隐性学习，塑造语言环境

在课堂教学方面，从学生角度出发，教师的教学应符合学生学习的心理、兴趣、认知特点和学习能力。我们的母语是汉语，一般来说英语是我们的第二语言。关于二语习得的心理要考虑的因素有很多，如选择性注意、意识、输入处理、输出处理与调整、语言组块、显性与隐性学习等。英国诺丁汉大学心理语言学知名教授佐尔坦·德尔涅伊（Zoltán Dörnyei）认为，语言习得的心理过程分显性学习与隐性学习。他所指的显性学习是指人有意识的学习过程，例如人们特意下载手机背单词软件，选取几十个单词在闲暇进行朗读、抄写、记忆的过程就是有意识的显性学习。隐性学习，顾名思义，就是无意识的学习过程，例如人们有时会收听一些外语的娱乐广播节目，但是广播里偶然冒出来的某一个单词让人们记忆犹新，再一次遇到这个单词时，脑海中有印象，人们就会顺便记住了它，这个过程就是无意识的隐性学习。其实，学习本身是指获得新信息和对新信息进行编码的过程，这就是认知的过程。人们对学习的内容再一次进行反思和提取的过程就是记忆。事实证明，将隐性和显性结合起来的学习方法对学习英语更有益。

因此，从教师本身来看，丰富教学内容，多做一些拓展，避免传统课堂的照本宣科，规避新媒体下的幻灯片放映现象，都有利于培养学生的学习积极性和兴趣。除了教师的教学内容要符合学生的心理特点以外，语言学习与交流及社会环境有关，一切取决于环境的影响，包括大脑的神经系统和心理认知过程的影响等。教师在整个课堂管理上要注意营造轻松、愉悦、自由的环境，需要重视学生的特质和学习环境的有机互动，这样才能引起学生思考，才能增加教师与学生的互动及学生之间的讨论过程，这也是一种隐性学习的体现。为了避免以提高分数为目的的“填鸭式”教学，教师在营造课堂环境时可以加入一些有趣的元素，通过肢体语言、眼神交流等自身的改变来活跃气氛，让学生放下心理包袱，积极参与进来。

此外，在课堂上，教师可以就某一精选的话题指导学生进行小组合作完成英文讨论，目的是促进学生互动思考，在不知不觉中锻炼学生的英语口语表达能力。学生在合作学习中，遇到困难可以互相帮助、互相学习，甚至教师本身也可以参与其中，或答疑解惑，或提出自己独到的见解，这些都有助于学生更加积极、主动地投入学习，这比传统的照本宣科的课堂教学方式更有深度、更有成效。

四、统筹教师资源，严抓教师考核

高校教师是指教育组织活动中履行教育教学职责、具有科研能力的专业人员，具有知识、技能、态度、经验和创新思想等。在分配师资资源时，高校要从学校整体出发，统筹兼顾、各方协调，达到整体的最优化；通过构建具有合理的专业结构、年龄结构、知识结构、性别结构和心理素质结构的教师队伍，实现大学英语教师人力资源的优化配置。比如，高校的食品学院的大学英语课程可以找一些本身对食品有着浓厚兴趣的教师，或者在这个领域有一些研究的教师，这样学生与教师之间能够产生一定的共鸣，也可以促进师资的有效利用，减少师资浪费。当然，高校要解决这些问题，还需要加大对教师力量的投入，想方设法吸引人才、保护人才，把大学英语教学推向新高度。此外，高校要保证学校的办学质量，需要加强对教师科学的管理与监督，通过组织各种教研活动开发和提高教师的专业素质。例如，安排岗前培训、在岗培训，定期进行教材评估，组织研讨会探讨相关的专业理论，通过学生对教师进行评价和建议，等等。

由此可见，高校对教师的管理要从选贤任能开始，清楚地知道每一位教师的优势和劣势，扬长避短，合理地进行教师资源分配，并且定期做好严格的考核工作，使教学质量获得稳步提升。营造让学生满意的大学英语课堂氛围，对教师资源的管理来说是必不可少的。

此外，高校还需要严把外籍教师的聘任关、质量关。首先，应拓宽外籍教师的招聘渠道。高校在招聘外籍教师时，可以通过友好合作的国际学校推荐；还可以通过官方渠道，由中国驻外使馆教育处推荐；或者由政府相关部门与国外政府部门组织签订协议，由国外政府部门组织推荐。另外，高校还可以充分利用外教中介资源丰富、效率高的特点，由中介组织进行筛选和推荐；也可以利用互联网进行公开招聘，拓宽外籍教师的招聘渠道，避免由于外籍教师资源缺乏而盲目招聘。在招聘中，高校应严格遵守国家外国专家局颁布的《高等学校聘请外国文教专家和外籍教师的规定》，在高校任教的语言类外籍教师应具备本科以上学历并有两年以上的教学经验。为此，高校要严格筛选参加应聘的外籍教师，考察其资质和简历的真实性；同时要进行面试，考评外籍教师的口音、表达能力和沟通能力；如果条件允许，也可以参照中国教师应聘的试讲程序，考察外籍教师是否具备基本的教学能力，测评其实际教学水平。被招聘的外教在入职前还应进行相关业务培训。培训时，高校要向外籍教师详细介绍中国文化，让他们了解中国学生对外籍教师的教学期待；要向外籍教师介绍学生的外语水平，使他们在授课时能够选用合适的教学内容，采用恰当的教学手段，以保证教学质量。

五、完善教学质量监控，促进课程管理的科学化进程

高校英语教学管理要求高校必须根据一定的目标对各个要素进行合理组合，并积极组织人力、物力和财力有计划地组织、指挥、协调和控制，以保证整个组织体系有条不紊地运行，从而保障高校英语教学管理高质、高效、有序地进行。一般来说，高校应该建立教学管理小组，对学校的教学质量进行督导。其中，由学院负责教学的领导担任组长，合理地整合、调配学校的各种资源，为提高英语教学的管理效果奠定基础。此外，从教师教学方面来说，高校应该设立教学督导办公室，聘请学术水平高、教学经验丰富、在教师队伍中威信较高的教师担任督导人员。督导人员可以通过定期听课，对课堂提纲、考试大纲、作业和考试进行抽查和监督，以实现对教师教学活动的监控和对教学效果的评估。

第三章　教师的角色

教育是一个多因素、多层次的整体系统，是一种培养人的活动，这种活动主要由教育者、受教育者和教育影响三个基本要素构成。狭义的教育就是指学校教育，其中教师是教育者，学生是受教育者。历史证明，教师在教育中的作用是随着时代的变化而不断变化的，并且举足轻重，关系到整个国家教育的发展。因此，教师必须认清自身的角色，并不断发挥自己的作用，从而推动整个国家教育事业的良性发展。

第一节　社会赋予大学英语教师的角色

古有《师说》，曰："师者，所以传道受业解惑也。"人们把教师定位是将其"术业有专攻""闻道有先后"所获取的知识传授给学生的一类人。一旦传授活动结束了，教师的教学也就完成了。教师在当时的农业经济背景下，更多地充当着知识传授者的角色。在那个相对封闭的时代，知识总量有限，更新率低，年龄与知识成正比，也与权威成正比；教师是知识拥有者的代表，甚至在一定程度上是礼数、德才获取的源泉。大学英语教师也不例外。在中华人民共和国成立前，"不管是教会大学还是中国自己的大学，除了外文系外，一般学生上英文课主要集中在语言技能上，因此，那时只要受过相当英文教育的人就可以担任英文课教师"①。也就是说，当时英语教师的角色主要是语言知识的传播者和灌输者，他们的教学活动多拘泥于对教材语言知识的讲解，即在对词汇、语法、句子结构等语言知识的讲解方面花大量的时间，但对学生口头和笔头的英语运用却关注很少。

中华人民共和国成立后，随着我国高校建设的不断完善、社会对英语人才需求的不断增长，英语教学改革也如火如荼地展开了。原有的以传授语言知识为己任的单纯的教师角色已不能适应高校建设和英语改革的新要求。研究发现，高校英语教师的角色应该是集教育者、研究者和服务者于一身。第一，高校英语教师应该是大学英语教育的执行者。学习国家的英语教育政策、践行教育政策的理念、进行有效的课堂教学、为祖国培养社会所需的英语人才是高校英语教师最基本也是最重要的职业角色，也是他们所肩负的第一使命和神圣职责。第二，高校英语教师应该是英语学科建设的学术研究者。众所周知，当代大学是新知识、新思想、新科技的发祥地，大学教师应该是思想、科技和文明进步的引领者。

① 龚晓斌．中国大学英语教师角色的历史嬗变问题与对策 [M]. 苏州：苏州大学出版社，2014.

要做到这一点，大学英语教师必须开展科学研究，只有具备了一定的科研能力，才能对教学中发现的问题进行深入的探讨，查找理论依据，更新教学理念，探求解决方案，完善教学方法，创新语言知识，推动学科发展。第三，高校英语教师应该是社会、政治、经济、文化建设的服务者，应该服务于地方社会的发展，协助地方社会、经济和文化等取得效益。这一角色是社会对教师的期望。大学是知识传播、学术研究、技术创新的重要阵地。因此，社会期望高校教师能够为社会的发展提供时代需要的知识和技术。当代大学生是社会文化的引领者，因此，高校英语教师还承担着培养社会高级人才、传播知识、创新技术和推动社会发展的责任。

进入 21 世纪，随着科技的发展，越来越多的高校在英语学科上尝试采用网络自主学习这一新兴模式。2010 年中共中央、国务院印发的《国家中长期教育改革和发展规划纲要（2010—2020 年）》对高等教育提出了“提高人才培养质量”“深化教学改革”的要求，于是促进学生个性化学习方法的形成和学生自主学习能力的发展就成为教学模式改革的主要目的。为了在这一新的教学模式下发挥应有的作用，教师角色也应进行转变，要朝着多维度的方向发展，以满足学生不同维度的需要，确保学生在网络自主学习模式下知识建构的有效性及学生综合素质的提高。在这一目的的指导下，21 世纪的高校英语教师应该是英语教学的引导者、监督者、促进者和评估者。首先，英语教师应该是引导者。在网络自主学习课程的构建过程中，教师应该设置学生自主学习策略和方法这两个模块，并教会学生一些有效的学习策略和方法，使学生能够在网络自主学习中适当地选择、运用和调节自己的学习策略。在实践网络自主学习模式之初，教师应该向学生讲解一下网络自主学习的特点及在学习过程中可能会遇到的问题。同时，教师要对学生的水平和自主能力做到心中有数，这样亦可以在设置各个阶段的学习目标和计划的时候做到行之有效。在课程开始时，教师可以通过问卷调查和访谈等多种形式了解学生的知识水平，以及学生对学习的需求、学习特点和学习方面的难点。在做好充分的调研工作之后，教师应根据具体情况分别制订各个阶段的学习目标和计划。针对学生学习策略单一的特点，教师应该在整个课程的学习过程中，不断强调学习策略和技巧的掌握，使学生明白，在网络自主学习过程中，学习策略和技巧的培养和掌握是至关重要的。其次，英语教师应该是监督者。从建构主义学习观来讲，良好的自主学习者需要明确学习问题的实质，并积极地寻求解决问题的方法。在学生进行网络自主学习的过程中，教师对学生自我调控能力的监督力和有效性，是帮助学生明确学习问题、寻求学习方法的重要保障。值得注意的是，网络自主学习和传统教学在时间性和地区性上有所不同，需要教师在学生网络自主学习过程中进一步加强监督。在传统教学中，教师在课堂上可以对学生的学习效能进行有效的监督，通过与学生的互动来检查学生对知识的掌握进度和学习进程。而在网络自主学习过程中，教师通过设置互动环节来监督、检查学生的知识网络进度和学习进程，会出现回应时间的滞后性和回应地点的差异性；尤其是会有少量学生在回应的过程中出现“lurking”（潜水）的现象，这对教师的监督能动性无疑是个考验，需要教师采用相对有效的监督策略，督促学生在既定的时间内完成学习计划。监督的方式多种多样。教师可以基于教材开发出的网络平台所提供的教学管理和监测系统，对学生的学习进行监控分析，并适时提醒学生完成进度；用学生在平台上参与练习的数量和正确率，以及平台登录时间等一些可以用数字量化的监督方式，记录学生的学习情况。基于互联网为学习平台的学校，教师可以建立自己的博客或是网站，根据学生在QQ群、博客讨论区等的讨论表现，学生与自己往来电子邮件的情况，以及定期与学生面对面的交流，来监督学生的学习进度和任务的完成情况。再次，教师应该是促进者。在网络自主学习中，学生往往会有情感策略缺失的状况发生。情感策略作为学习策略中的一种重要间接策略，是指学生在学习过程中，降低自身的焦虑度，了解自己的情感状况。在网络自主学习模式下，学生直接面对的就是网络，在学习过程中缺少与其他学习者之间的互动，面对学习阶段的各种评估测验都会不自信，会导致出现情感策略的缺失。在这种情况下，教师要不断给予学生自主学习的自信，促进学生学习。克拉克（Clarke）在列举教师在学生网络自主学习中所起的作用时，将“帮助学习者在网络自主学习中，建立自信感和舒适感”列为第一位。大部分学生在中学期间，学习过于应试化和传统化，在大学期间让其将网络自主学习作为行之有效的学习方式是必要的。实现这一过程取决于教师的正确引导，教师应推动学生进行有效的学习，让学生在学习过程中获得一种逐渐增强的满足感和自信心。申继亮认为，学生学习的自我效能感是其自主学习得以实现的重要保证。因此，教师应尽量使学生在网络自主学习中有机会获得成功的体验，使学生有成就感，不断激发学生的学习动机。在学生网络自主学习时，教师不再是知识的灌输者，而应该是学生自主学习的协助者和支持者。在网络自主学习中，学生获得自我效能感是其学习的必要保障，而学生获得自我效能的重要途径就是教师将角色定位倾向于促进者和鼓励者。最后，教师应该是评估者。教师在采用评价和反馈的教学策略方面，应尽量采用鼓励性评价和积极性反馈，这样才能很好地应对学生在网络自主学习的情况下容易产生的挫折感和无助感。卡德纳（Gardner）等人认为，在自主学习过程中，如果不能及时地将自主学习的资源、时间分配和学习者的教育有效性这三个要素进行评估，那么自主学习将会面临一定的风险；只有及时对自主学习进行有效的评估，才能降低其风险。对网络自主学习来讲，评估作用尤为重要。一方面，从学习者的角度来看，了解教师对其学习效果的评估，可以及时地纠正其自主学习过程中出现的问题；另一方面，对整体的网络自主学习课程的设置来讲，评估工作可以正确衡量网络自主学习课程的有效性，可以确定此项课程设置对于学习者的学习与传统教学相比是否更有可取之处。如果网络自主学习有效性高，那么，整体的教学目的和教学方法则可以在全国各高校进行推广交流；反之，如果评估工作的结果证明学生的网络自主学习的有效性和获得性过低，则需要教学工作者进一步改进网络自主学习的模式。由此可见，网络自主学习模式下的教师将面临转型，教师需要担当起多维度的角色。

第二节　学生赋予大学英语教师的角色

学生是教学过程中另一个不可忽略的因素。教师能否充分而有效地扮演好自己的角色还取决于学生的配合程度。为此，研究人员采访了江南大学的一些学生，以了解他们心目中教师所扮演的角色。

一、思想点拨，做学生的智囊团

我们应当明确，教师在学习活动中应当充当组织者和智囊团的角色。教育并不意味着知识的单向输入，也并不是输入得越多越好，关键是学生的吸收程度。很多教师在教学时都可能会碰到这样的问题，即在教学前期并未合理、妥善地规划课堂教学进度，临近期末眼看教学任务尚未达标，为了完成教学计划，就通过压缩课堂上学生讨论的时间，自己主讲，让学生听和记笔记来赶上教学进度。在这个过程中，教师往往只重视往里“灌”，而忽视了学生自主消化、吸收的重要性。

随着教学改革的不断深入，在课堂教学中，教师应发挥学生的主体性，让学生充分地发表意见，使每个个体均有发展的空间，在课堂上也应更多地采取启发教育的形式。也就是说，教师在教学过程中，应充当组织者、智囊团的角色。在思考问题的方式上，“组织”就是教师在教学过程中发现一个值得讨论的发散点，引导学生由点启发到各个面。当然，这种发散思维并不能任由学生天马行空，教师应当在此时对学生的讨论加以管理，组织学生向着既定的知识点靠拢。当学生的思考毫无头绪，或者是思维陷入死循环的时候，教师就应发挥智囊团的作用，给予学生点拨、启蒙，帮助学生自主解决问题。在此过程中，教师要掌握好点拨的度，让学生既能得到思想上的启发又能发挥主体作用。所谓点拨，就是强调、引导、提示，并不是灌输，也不是对所有问题都详细地、一步不落地讲解，而是用高度凝练、简洁的提示性语言引导学生的思路。教师给出的提示不可能面面俱到，但是，教师的提示性语言应当具有针对性，针对不同的学生，根据他们在思考时钻牛角尖的或者是特别困惑的点给出不同的思路点拨。这时，教师会新承担一个任务，那就是帮助学生做思维的梳理，帮助学生一步步理清思绪。这个过程既能让学生对问题进行二次思考，也便于教师去发现学生的“纠结”点，进行更有效的拨乱反正，把学生从错误、毫无头绪的困惑中引导出来。值得注意的是，教师点拨的时机同样关键。如果教师点拨早了就会影响学生的思考，如果教师点拨晚了就会失去点拨的意义，适时地点拨才能发挥最大的效力。教师所选取的点拨时间点，一定是要在学生对所要解决的问题有较为透彻的分析，并且经过充分思考之后。只有这样学生才能最大限度地掌握知识点。教师的点拨总能给学生带来“山重水复疑无路，柳暗花明又一村”的豁然开朗的成就感。学生的这种成就感会在日后的英语学习过程中给他们自身带来更多的积极影响。

二、善于发现，做学生的掘金者

我们常听到这样一句话：“每个学生都是天才，宇宙的潜能隐藏在学生的心中，而开启的钥匙，就在教师手中。”霍华德·加德纳（Howard Gardner）的多元智能理论认为：智能培养的目标应该是挖掘每个学生的学习潜能，培养其创新才能。每一个个体都有相对而言的优势领域，有的人显露出过人的音乐天赋，有的人则表现出超常的数学天赋，而每一个个体不同优势智能领域的充分发展能使个体的特殊性得到充分展示，使个体的个性得以充分体现。那么，英语教师就应善于发现谁是班里的“写作天才”，谁是“翻译天才”，谁是“文学天才”，等等。

每一位教师都应具备一双慧眼，能够及时捕捉每一个学生身上的闪光点。发现闪光点的前提是教师对每一位学生的了解程度。要了解一个人是需要时间来接触的，教师和学生也是如此。这种了解可以建立在上课的提问中。教师应认真聆听每一位学生的回答，关注他们的思路。一个人的思路最能反映出他的性格特点，这也就方便教师在日后帮助学生发现其自身的潜能。教师还可以在作业中看出学生的思维方式。学生各有特点，有的学生口才好，能通过表述将自己的经历清晰地表露出来；也有学生不善言辞，对于这类学生，教师就可以在平时的笔头作业中增进对他们的了解。

正如前面所提到的，每一个学生的智能特点和表现是不平衡的，教师应当发现不同的学生所擅长的领域，并努力挖掘每一个学所具有的生特殊才能的巨大潜力。教师应当把注意力集中在学生的差异性上，力求学生做到个性发展。对学生实施教育时，教师要克服在传统的教育实践中把语言智能和逻辑、数理智能看作最基本的能力，而把其他智能在不同程度上看作是无碍大局甚至是可有可无的错误思想；要注意培养和提高那些非传统的优势智能领域的学生的自尊心和自信心，强调人才的多样性。教师应该尊重传统教育意义上的“差生”，增进对他们的了解，也许在相互了解的过程中就会发现他们所擅长的某一优势智能领域，进而鼓励、帮助他们的创造性潜能得到充分发展。

教师应当正确引导学生发挥潜力，若是学生身上的某一特质已初露锋芒，却没有教师帮助他们进一步挖掘，就有可能导致学生的最终潜力还是得不到发挥。若是学生身上体现出了在某一领域的学习优势，却没有受到正确的指引，也没有得到专业的培养，那么学生就有可能以平庸而告终。对一些不自信的学生来说，教师的职责还在于帮助这些学生认可其自身潜能。如果学生仅仅是依靠家长、教师的赏识和鼓励而形成自信，那么他们就像温室里的花朵，经受不住考验。只有真正挖掘出学生的优势和潜力，让他们真正看到自己的能力和优势，感受到自己的力量，才能巩固他们的自信。所以，教师要善于从学生身上发现他们的优势，帮助每一个学生找到适合自己发展的空间，最大限度地开发出每个学生的内在潜能，帮助学生树立牢固的自信心。

三、力行监督，做学生的推动剂

教师应成为学生自主学习的监督员，努力创建一个适宜的学习环境，激发学生的主动性和创造性，增强学生的自主学习意识，促使学生积极、主动地建构知识，帮助学生克服焦虑、紧张、羞怯等消极心理的影响，鼓励学生正确地表达自己的思想。英语学习相较于其他科目而言是相对枯燥的，学生在长时间学习之后难免会产生厌学的心理。这时，教师就应承担起监督员的职责，帮助学生走出这种消极的状态。教师应当首先明白学生出现这种怠惰状态的原因。教师只有在透彻分析之后，才能找出相应的解决办法。是不是最近课业太过繁重？是不是课程内容太过复杂？学生在理解消化时是不是遇到了困难？是不是授课形式单一枯燥，学生提不起兴趣？这些都可能是造成学生思想懈怠的原因。若是课业繁重，那么教师可以酌情减轻学生的课业负担。若是课程内容晦涩难懂，学生难以理解，那么教师就应放慢教学进度，着重强调重、难知识点。若是学生认为授课形式单一枯燥，那么教师就应该多添加一些课堂讨论的环节，强调人人参与，活跃课堂气氛。英语学习注重积累，英语是一门需要毅力、长期坚持的课程。教师应该鼓励、监督学生养成阅读的好习惯，学生要多读书，读好书。教师可以以月为单位，每月罗列读书清单，以供学生选读；在每月末进行读书分享活动，一来可以检测学生的阅读进度，二来也能促进学生之间的思想交流。教师也要明确，读书不仅仅是学生的事情，终身学习同样是对教师的要求。教师和学生相互监督、相互促进，当学生在阅读过程中遇到难以理解的节点时，教师也能给出自己的阅读见解供学生参考。

教师“监督员”的职责还体现在对学生课业成绩的评估上。在课堂交际活动中，教师应留心学生的一举一动，关注学生的课堂参与度，并记录在案，作为对学生平时成绩的考核，并及时给出反馈信息。为了能够了解学生对课堂内容的掌握程度，教师可以安排课堂小测。课堂测验这种方式，不但能检测出学生运用所学知识的能力，更能给学生一种推动的“压力”，营造出一种学习的紧迫感。有压力也不一定就是坏事，适当地给学生一些压力，能激发出他们的学习潜力。正如俗话所说：“有压力才能有动力”。测验的成绩能够帮助教师和学生了解知识的遗漏点。如果某一次成绩不理想，那么教师和学生都应敲响警钟，及时查漏补缺。教师还应鼓励并帮助学生学会自我评估，帮助学生监督学习过程，鼓励学生互评。学习终归是自己的事，教师的监督是始终让学生对自己的学业“上心”。当发现自己的发音不标准时，教师就应多模仿，也应及时给学生发送名人演讲的音频资料供学生模仿。当发现学生写作功底欠缺，教师就应指导他们多加阅读、积累词句，多下笔头功夫。同时，教师也要对学生上交的写作练习及时给出批改意见。教师如果在翻译时遇到了困难，就应多去读读名家译作，学习名家的遣词造句方式，增加自己的文学素养。

四、信心树立，做学生的加油站

爱默生有一句名言：“自信是成功的第一秘诀。”自信在通往成功的道路上所发挥的作用是毋庸置疑的。“争强好胜”是很多人从小到大都具备的心理特征。每一个人都有成功的愿望，希望自己比别人强，希望能得到教师的表扬和同学的认可。教师的肯定和表扬是树立学生信心的基石，能让学生的学习热情大涨，也能让学生情不自禁地努力。而教师的否定和批评会使学生丧失信心，进而失去学习的动力。因此，教师要有一双善于发现的眼睛，去捕捉学生的点滴进步，抓住契机，对学生加以肯定和鼓励，让学生体会教师对自己的期望和信任、体验成功的喜悦，满足学生潜在的“争强好胜”的欲望，增强他们自觉学习的主观能动性。即使学生成绩不理想，教师也要不失时机地给予他们鼓励，要帮助他们分析原因、找出解决方案，要有意识地给学生积极的心理暗示，告诉他们:“你有能力，我相信你能取得成功。”在学生学习出现思想懈怠，甚至是惰性学习时，教师应及时指正，及时制止这种消极的学习情绪。但是，教师在指正时也是要讲究方法的。教师如果一味地批评，就只会导致学生的懈怠心理加剧，甚至是破罐子破摔。这时，教师应帮助学生分析惰性学习可能带来的严重后果，耐心劝说，鼓励他们重拾学习热情，在英语学习方面取得更大的进步；切忌口不择言，说些否定、伤害学生自尊心的话，以免给学生的心灵蒙上阴影。

自信的另一来源就是学生对自身能力的肯定。因此，教师要树立学生的学习信心，就要从培养学生的能力入手。这种能力应是全面的，尤其是在英语学习过程中，可以体现在地道的发音、流畅的写作、满腹文采的翻译、深厚的文学素养等方面。学生的信心很大一部分来自教师。莎士比亚曾经说过:“赞美是照在人心灵上的阳光，没有阳光，教师就不能生活。”教师以鼓励代替批评，以赞美启迪学生潜在的动力，会使学生自觉地克服缺点、弥补不足，也会使学生怀着一种积极的心态创造出一种和谐的气氛。赞美就像荒漠中的甘泉一样能够让人心灵滋润。著名的“皮格马利翁效应（亦称罗森塔尔效应）”充分证明了这一点。教师只有表现出自己对学生的赏识才能使学生信心倍增。现在的学生大多个性张扬，善于展现自我。这种展现能让他们收获不小的成就感，这对他们树立自信显得尤为重要。但是，在个性张扬这种共性之下，也会有个性的体现。有的人天生胆大，好表现；也有的人羞怯，不自信。教师要做的就是打造一个公平的舞台，力推人人参与，并给予参与的人积极的鼓励。具体实践起来，教师可以广泛组织、展开以班级为单位的写作比赛、演讲比赛；按月举办与课题相关的展示活动；开展“读书月”活动，并举办美文小说阅读分享会；等等。

综上所述，学生也希望教师是多面手，能对他们学业的进步、精神的健康和个人的发展给予帮助。

第三节　大学英语教师角色的完善途径

一、完善教育的相关制度，为教师角色的完善提供制度保障

（一）确立教师专业地位，营造文明的教师教育制度环境

1966年，联合国教科文组织与国际劳工组织在巴黎召开了有关教师地位的政府间特别会议，会议通过了《关于教师地位建议》，这是国际上首次以文件形式确认教师职业的专业化地位。1994年，我国开始实施的《中华人民共和国教师法》明确指出："教师是履行教育教学职责的专业人员，承担教书育人，培养社会主义事业建设者和接班人、提高民族素质的使命。"第一次从法律角度确认了教师的专业地位。1995年，国务院颁布了《教师资格条例》。2000年，教育部颁布了《教师资格条例实施办法》，教师资格制度开始在全国全面实施。2000年，我国出版的第一部关于职业科学分类的权威性工具书《中华人民共和国职业分类大典》，首次将教师职业归属于"专业技术人员"一类。只有当教师的专业地位得到社会的普遍认可，教师教育培训由非常态转变为常态，由行政层面逐步上升到制度层面，形成一种教师教育制度环境时，教师专业发展才会展现教师教育制度文明。改善教师教育制度环境、推进教师教育制度文明建设，是社会不可推卸的义务和责任。时代的发展需要教育，教育的发展需要教师，教师的发展需要教师教育制度文明。

（二）完善大学英语教师专业化的评价标准

一般来说，专业化的教师要有独立的知识系统、特定的能力要求、特殊的伦理标准和人格要求，具体的评价标准包含以下五个方面，即学科专业水平、通识文化水平、传递知识的教学水平、育人的教养能力，以及独立的不同于其他的伦理标准、伦理和心理方面的人格，大学英语教师专业化的评价标准可参照此标准设立。

（三）优化配置和有效利用教育资源

政府应优化配置高等教育资源，逐步缩小高等教育资源配置的地区差距。另外，政府还应尽快实现高等教育投资主体的多元化，积极盘活国内教育资源，构建高等教育资源共享机制，完善教师培养培训体系，探索利用国内教育资源促进教师专业发展的新路子。《中华人民共和国高等教育法》第十二条明确指出："国家鼓励高等学校之间、高等学校与科学研究机构以及企业事业组织之间开展协作，实行优势互补，提高教育资源的使用效益。国家鼓励和支持高等教育事业的国际交流与合作。"《国家中长期教育改革和发展规划纲要（2010—2020年）》提出，要扩大教育开放，引进优质教育资源，探索多种方式利用国外优质教育资源。国际教育资源对我国教师教育的机制具有重要的促进作用，有利于教师教育教学资源的建设发展，有利于将世界先进教育理念与中国教学实践结合形成新的教育教学

模式，有利于促进教师教育信息化的发展和教师专业成长。

（四）提高高校教师的待遇

教师待遇与教师整体工作积极性、教师行业社会竞争力、教师社会地位呈正相关关系。提高教师待遇会吸引更多优秀人才从事教师职业，促进教师专业化健康顺利发展，使教师职业成为社会仰慕的一种高尚职业。一般来说大学英语教学改革成功取决于三个重要因素。一是大学英语教师角色转变的顺利完成；二是大学英语新教学模式的最终确立；三是大学生英语自主学习能力和跨文化交际能力的真正养成。其中，教师角色转变是三者之中的大学英语新教学模式的角色要求，只有角色重塑成功，教师才能成为称职的教师。只有教师称职，新的教学模式才会真正得到贯彻执行乃至最终确立。只有称职的教师运用科学有效的教学模式，才能培养学生的英语自主学习能力和跨文化交际能力，造就合格的大学生。而教师角色的转变依赖于教师专业发展的内在驱动力和教师专业发展的外在机制。只有促进教师专业发展的内在驱动力，营造尊师重教的制度环境和社会风尚，教师角色转变才会随着大学英语教学改革的深入发展而逐渐完成。

二、鼓励教师的自主发展，为教师角色的完善提供必要的条件

教师自主发展可以说是新时代教育体制中教师必须具备的一项专业特质，而这种专业特质可以通过教师教育或自我导向的专业发展过程来实现。教师的专业发展贯穿教师的整个职业生涯。从某种意义上说，教师专业发展的实质就是教师的自主发展。教师的自主发展包含教师的自我修养和自我完善。

（一）提高自我修养，坚定职业信念

教师自我修养必须以职业道德为核心。《中华人民共和国教师法》要求教师必须履行“遵守宪法、法律和职业道德，为人师表”的义务，因此，“教书育人”和“为人师表”理应成为教师职业道德修养的核心内涵。尤为重要的是，社会对教师职业道德的标准、要求和期望显然高于其他职业。教师除了必须遵守与其他社会成员相同的道德规范和行为准则外，还必须恪守社会对教师所期望的道德观念、职业情操和人格品质。“师者，人之模范也，无德者无以为师。”教师是为人师表的道德楷模。教师的职业是教书育人的神圣职业，教师的职业道德修养是全社会对教师职业不容置疑的价值期待，也是教师职业神圣的合理性依据。因此，教师专业发展应以教师职业道德修养为首要内容，否则教师专业发展将会因丧失价值理性而迷失方向。

（二）坚持终身学习，提升职业水准

教师的自我完善基于自我学习。面对教学改革和教学模式，教师只有重塑教育理念，更新知识结构，创新教学实践，研究教育对象，改革教学内容，不断地提高自身素质和转变自身角色，成为终身学习者、知识创新者和教学研究者，才能适应时代发展潮流和满足社会发展需求。教师在职业生涯中既是教育者，又是教育研究者。作为教育者，教师应该

秉承终身学习的理念，不断地进行教学实践与研究、教学反思与探索，提升自己的专业素质，做终身学习的表率，维护自身的教师形象，满足社会对教师的角色期待。作为教育研究者，教师不仅是教育理论的实践者、教学实践的承担者，还应是教育理论的研究者、教学实践的反思者。教师不能照本宣科，而应当针对学生的实际情况进行教学，对教材进行适当的加工处理，对课程进行适当的调整，以创造性的教学带动探索性的学习，通过自己的思考启发学生思考，教给学生能借助自己的知识去获取新知识的能力，实现对教材和课程的超越。

（三）认清角色内涵，鼓励积极探索

美国学者特拉弗斯（Travers）指出："教师角色的最终塑造必须在实践环境中进行，教师必须适时调整自己的角色期待和角色设定，探寻理论与实践的有效结合方式，在实践中摸索前行。"要填埋和充实理论与实际之间横亘着的鸿沟关键在于教师自身的努力，因为"最终焕发教师生命活力的是教师自身，唯有教师本人才能为自己描绘出真实的形象"[①]。而且，教师新旧角色之间的转换并不是接力赛的传送和交替，需要教师具有破釜沉舟的力量和勇气。教师已对传授知识、提高学生语言知识驾轻就熟，但对于网络时代下学生自主学习模式的驾驭却显得诚惶诚恐、畏缩不前了。对习惯了以学生成绩来衡量自身价值和地位成就的教师来说，新的评价体系下的教师角色的转变多多少少会给他们带来一种毫无成就的痛苦感。教师如果缺乏这种前进的魄力和胆识，一味地守株待兔或作茧自缚，就只能在新旧角色的碰撞与交锋中，陷入左右为难、不知所措的旋涡。新角色的探索本身无章可循，有赖于教师在实践中的自我尝试和积极探索。因此，教师要认清自身角色的内涵，实现角色平稳且有效的转变。

（四）协调角色关系，缓解角色压力

高校英语教师的角色并不是一成不变的，而是会因时而变、因势而变。从育人的角度讲，教师既要扮演学者，又要扮演"圣贤"；从培养人才的角度讲，教师既是知识的传授者、道德的示范者，又是学生集体的领导者和心理困扰的治疗者；从传递文化的角度讲，教师既要做旧文化的维护者，又要做新文化的启蒙者；从教师自身来讲，他们既是社会化的承担者，又是社会化的承受者，既是特殊的社会成员，又是普通的社会成员。总的来说，教师的角色是多维的，也是多变的。当角色之间产生矛盾冲突时，教师要努力适时调整。例如，教师的角色定位应当随着学生的阶段性变化而调整。当学生渴求知识时，教师应该成为智囊团给予学生思想点拨；当学生学习思想怠惰时，教师就应转变为监督员，及时敲响警钟；当学生学习陷入疲态时，教师就是加油站，始终为学生加油鼓劲。教师要树立一种"蜡烛观"，甘愿为学生付出自己，为学生照亮前进的道路。但是，这种牺牲并不是毁灭自己的牺牲，教师在照亮别人的过程中也在不断地汲取知识和营养，充实自己，升华自我的人格。此外，教师还应合理安排和协调扮演不同角色、处理不同问题的时间和精力，避免

① 王志林，沈琪芳．论教师自我教育意识[J]. 湖州师范学院学报，2003(2)：79-83.

角色间的冲突；同时，也要掌握有效的压力调节方法，努力将角色压力调节到合适的水平。当教师的社会角色和个人角色产生冲突时，应以社会利益为重。教师承担着为社会培养人才的重任，小则关系学生的成长和发展，大则关系国家的兴衰。教师还应该具有奉献精神，能够牺牲小我、成就大我，当然这并不意味着他们要放弃自己的权益。因此，教师应正确地看待教师的角色冲突，树立一种发展的观念，寻找他我与自我的平衡及其中的最佳契合点，做到爱学生也爱自己，这才是一种最佳的境界。

第四章　教师的素质

在高校英语教学改革中，英语教师扮演着重要角色。高校英语教师的素质会直接影响高校英语的教学质量。探讨英语教师素质的特点和作用，有利于提高英语教师队伍的整体素质。这对高校英语教学改革和教师队伍建设来说，都是有益而必要的。

第一节　教师素质的内涵及其重要性

教师素质，是指教师在专业知识学习和职业生涯发展过程中所获得的专业素养和能力。教师素质的内涵非常丰富，古代教育家所提倡的“为人师表”的师德要求、目前所提倡的“以人为本”的教育观，都不过是对教师素质某一方面的要求。现代教育体制体现出，一名合格的现代教师既要有高尚的师德、超人的才情，又要有深厚的学养。简言之，即兼具“学高为师，身正为范”的素质，这是教师素质的风向标，也是社会各界对教师素质的要求。教师是一个光荣而伟大的职业，也是一个对个人素质要求较高的职业。如果没有高素质的教师，就没有高质量的教育。随着我国不断全面深化改革，教育领域综合改革也在逐步深入，加快实现教育现代化的美好蓝图已经绘就。广大教师身处教育一线，对学生的需求最了解，对教育的问题最熟悉，对改革的必要性、重要性和紧迫性认识也更深刻。他们无疑是教育改革的先行者、主力军。如果没有广大教师的认同和参与，没有优秀教师的奉献和创造，没有教师热情和活力的迸发，教育改革就不可能达到预期的成效。因此，要想保证教育事业可持续发展，就必须提高教师队伍的整体素质。同时，只有在自身素养不断提高的情况下，教师在职业发展中才能更具优势。这是一个双赢的伟大工程。

第二节　大学英语教师应具备的素质

一、过硬的专业素质

大部分人都认为，高校英语教师一定要具备过硬的专业素质。高校英语教师的专业素质主要体现在专业基本功、知识面、教学能力等几个方面。只有英语基本功扎实、知识面宽广、教学能力突出的教师才称得上是专业素质合格的教师。

（一）扎实的语言基本功

首先，教师要具备母语专业知识，具有一定的英语语言技能修养，能够讲一口标准、流利的英语，其英语听、说、读、写、译的能力能够保证其胜任高校英语教学工作。其次，英语教师要具有语言词汇、语义学、句法学和语篇知识，英语语言学的理论修养较高。同时，英语教师还要具有良好的英语、汉语表达能力，对语言的本质和属性有深入、客观且正确的了解，这也是高校英语教师能传道、受业、解惑的前提条件。最后，英语教师应具有跨文化交际意识和跨文化交际知识。英语是世界上使用范围最广的语言，也是跨文化交际的重要工具。高校英语教学的一个重要目的就是培养学生的跨文化交际能力。因此，高校英语教师只有对英语语言形式之外的内容有所了解，才能具有较强的语用意识和文化敏感性，才能为英语教学打好基础。

（二）广博的知识面

所谓广博的知识面，就是指高校英语教师要具有丰富的文化知识，知识视野要非常宽阔，其涉猎、教授的知识不能局限于英语专业范围。换言之，知识面广博指的是学识渊博，其中所指的知识既包括语言本身，也包括社会文化知识，如英语国家的风土人情、民俗习惯和人际交往等文化知识。英语是一门语言，具有语言的工具性、综合性特征。教师只有具有一定的文化知识修养，立足于多种知识之上理解、解读英语背后的文化，才能厚积薄发，才能当好学生的引路人、世界文化的传承人。

（三）突出的教学能力

在专业素质方面，高校英语教师还应该具有较强的英语教学能力。英语教师较强的教学能力主要体现在以下几个方面：一是教学思路清晰，目标明确，能围绕目标进行教学。二是教学方法多样，教学手段灵活，在教学中既尊重学生的主体地位，又注意培养学生的创造力。三是教学评价方法客观而多样化，能看到每一个学生的进步，在学生学习评价上还能形成独到的见解。这与学界所提倡的教师要具有创新思维和创造能力、能采用多种教学评价方法推动学生发展具有相同或相近之处。

二、高尚的师德修养

教师是人类灵魂的工程师，肩负着教书育人、传授知识的使命，从事着太阳底下最光辉的职业。一名优秀的英语教师只有具有高尚的师德修养，才能真正完成社会赋予其帮助人、塑造净化人、影响人的光荣使命。高尚的师德修养主要体现在两大方面。

（一）高度的责任心

高校英语教师的责任心主要体现在以下三个方面：首先，在教学中，严谨认真，不放过一个知识点，不允许自己在治学方面出现错误；其次，在教学中，严格要求每一名学生，力求做到认真负责，不辜负社会和家庭的期望；最后，在日常教学之外，能严格要求自己，树立优良的教师形象，同时也乐于帮助学生，与学生进行平等交流。在工作、学习和生活中，教师要尊重、关心、平等地对待每一名学生，切实担负起自己的责任。

（二）强烈的爱国信念

从语言属性来看，英语起源于西方，因此，英语语法体系和语言文化必然要以西方语言、文化体系为基础。这也决定了这样一个事实，在高校英语教学中，教师和学生不可避免地要接触到西方文化，这也必然会给学生的价值观、人生观带来一定程度的影响。高校英语教师要树立坚定的爱国信念，将爱国主义教育渗透到英语教学中去，正确引导学生看待中西方文化的差异和冲突，教育学生既不要妄自尊大，也不要妄自菲薄，而是要怀着对祖国历史、文化、语言和传统的尊重之情去看待英语的应用，然后将英语应用到报效祖国的实践中去，兢兢业业、身体力行，为民族繁荣做出更大的贡献。

三、健康的情感心理

英语教学是一个知识交互、情感互动的过程，教师只有在思路清晰、情绪稳定的情况下，才能更好地完成英语教学任务。同样，教师只有将师生情、事业心融合到一起，才能形成一种强大的精神力量，进而带领学生进入忘我的精神境界。这也对教师的心理素质和情感素质提出了更高的要求。从调查数据来看，高校英语教师的心理素质和情感素质应达到如下要求：

（一）健康的心理

教师职业压力大，一些教师在职业发展过程中常常会因为不堪重负而导致身心饱受疾病困扰，出现焦虑、紧张、抑郁等亚健康状况，也或多或少地影响了教学效果。可以说，良好的心理素质、健康的体魄是教师从事工作、享受美好生活的前提。高校英语教师心理素质过硬的一个重要表现就是心理健康。具体地说，即教师能面对现实，能对自己有一个客观、深刻的认知，能有效地调节工作压力，避免自己因为压力过大或遭遇挫折而心理失衡，也能根据自己的兴趣爱好选择合适的休闲和娱乐方式、参与体育锻炼，还能在一定范围内有出色的表现，形成感召力，营造良好的人际关系，从而使自己保持良好的精神状态和高昂的工作热情。

（二）爱岗爱生

热爱教育事业、关爱学生是教师应有的职业情感。教师对教育事业和对学生的爱更多地体现在教学时的耐心、细心、热心和诚心上。教师只有爱教学、爱学生，才能在教学中避免简单的重复和机械的操作心理，才能将最好的东西展示、传授给学生，才能提高教学的趣味性、针对性和有效性；教师也只有热爱英语教学、热爱学生，才能在教学中认真总结经验教训，及时发现自己的问题，弥补自己在教学中的不足。进一步来说，教师只有热爱英语教学，才能严格要求自己，在教学中尽善尽美，才会想方设法培养学生的英语学习兴趣，进而提高学生学习的动力。

第三节 大学英语教师素养面临的挑战

时代的发展、国际化进程的加快、高校英语教学改革的深化、社会对国际化人才的高要求等诸多因素对高等教育尤其是高校英语教育提出了新的史无前例的挑战。高校英语教师作为高等教育中坚力量的一部分面临着严峻的挑战。

一、综合素质发展出现失衡

综合素质发展出现失衡，首先应归因于学校管理机制的缺陷。教师的发展需要一个良好的激励机制、管理机制和团队学习机制，而能够促进教师发展的这种机制就是学习型组织。但是，调查显示，高校的教师发展机制不健全，管理急功近利，缺乏共同愿景、团队学习和系统思考能力，缺乏人性化的管理方式，不符合学习型组织的管理理念，难以满足教师自我发展的要求。现在一些高校都过分强调科研，强调核心期刊论文的发表，对教师的知识结构、技能发展的需求认识不足，对教师的评价也是重科研、轻教学，从而影响了教师的综合发展。笔者入职前，学校对新教师进行了相关的岗前培训与测试，教师学习了心理学、教育学、教师职业道德规范、教师法律法规等，为上岗在思想、行动、心理上做了准备；同时，学院还组织了新教师集体备课，并给新教师配备了一对一的指导教师，对备课、教学进行了悉心的指导，使新教师能更快、更好地进入角色。但是，随着学校“攀登计划”的实施，为了优化师资队伍、提升学校的综合实力，学校对新引进的人才实施了“非升即走”的政策，这迫使很多教师为了在限定的期限内晋升，从而保住“铁饭碗”，一入校就投身于科研的汪洋大海中，无心顾及教学能力的提升，个人的素质发展明显出现了发展失衡。

二、专业素质提升存在瓶颈

（一）知识结构不合理

大学英语教师的知识结构直接影响着其专业素质，影响着学生知识结构的发展，影响着大学英语教学的成败。罗伯特·斯滕伯格（Robert J. Sternberg）、申继亮、衷克定等人从功能角度出发对教师的知识结构进行了分类，将教师的知识分为三个方面的内容：本体性知识、条件性知识和实践性知识。这三个方面共同构成教师的知识结构。他们认为，“教师本体性知识是指教师所具有的特定的学科知识；教师的条件性知识是指教师所具有的教育学与心理学知识；教师的实践性知识是指教师在实现有目的的行为中所具有的课堂情景知识以及与之相关的知识；更具体地说，这种知识是教师教学经验的积累”①。東定芳提出，合格外语教师所要具备的专门素质应为“较扎实的专业知识和专业技能、教学组织能力和

① 衷克定，申继亮，辛涛．论教师知识结构及其对教师培养的意义 [J]. 中国教育学刊，1998（3）：53-56.

教育实施能力、较高的人品修养和令人愉快的个人性格、较为系统的现代语言知识、相当的外语习得理论知识、一定的外语教学法知识等”[①]。吴一安也构建了高校优秀英语教师的专业素质框架。该框架由四个维度组成:“外语学科教学能力、外语教师职业观和职业道德、外语教学观、外语教师学习与发展观。[②]”基于上述有关知识结构的理论与相关外语教学理论，大学英语教师应具有的知识结构可分为以下三部分：大学英语教师的本体性知识，即专业知识结构，是指大学英语教师所具有的特定的学科知识与跨学科知识；大学英语教师的条件性知识,是指大学英语教师所具有的相关教育学与心理学知识（掌握教育科学理论、教材教法及教育科研等理论、拥有先进的教育理念）；大学英语教师的实践性知识，是指大学英语在外语教学中所具有的课堂情境知识及与之相关的知识。但是，目前有许多大学英语教师面临知识结构不合理、跨学科知识结构不够全面的问题。有的人可能只了解文学，有的人可能只了解语言学，有的人可能只了解相关的翻译理论，还有的人可能只了解基本的技能教学，对教育科学理论、教材教法和教育科研等理论知之甚少，对中国学生外语学习的规律也缺乏了解和研究。更严重的是，繁重的日常教学和唯论文的职业发展导向使高校英语教师无法跟进教学理论的发展，无法潜心研究教材教法，无法完善自己的知识结构。

（二）对教材的把握能力欠佳

就教学而言，教材分析是教学设计的必要环节，教师必须明确教材的内容，根据学生的具体需求选择适当的教学内容。就学习而言,学生只有把语言知识与实际生活联系起来，才能真正地理解和掌握学习内容。但是，在实际教学中，有些教师只是简单地将教师用书中的语言点，特别是部分词汇的讲解直接搬到课堂上，语言点和例句的选择脱离实际。还有些教师过分偏重词汇和语法教学，而忽略了对语篇的分析理解，对篇章结构、语篇逻辑、写作风格和文化内涵关注不够，有的根本不涉及。这一方面说明，教师没有明确大学英语的教学目标，也没有明确教材的内涵，因此不能合理地把控教材；另一方面说明，教师对语言学习中语境的作用认识不够，不能运用相关的学习理论指导教学实际，教学观念依然十分陈旧，不能将新的教育教学理论、学习理论等应用于英语教学。

（三）对“以学生为中心”的教学理念执行力不够

虽然“以学生为中心”的教学理念已为广大教师所普遍接受，但是，在具体教学中，教师还是讲解过多，且方式单一，难以满足学生的认知需求。在课堂上，师生互动多，学生间互动少，并且互动多停留在形式上；或者虽然也有同伴活动、小组活动，但是，因为合作没有必要性，没有意义协商，所以不能体现学生的主体性。这些都说明教师对“以学生为中心”“以学生为主体”等教育理念的理解相对肤浅，只停留在表面，在具体教学中执行力度还有待提高。

---

① 束定芳 . 认知语义学的基本原理、研究目标与方法 [J]. 山东外语教学，2005(5).

② 吴一安 . 优秀外语教师专业素质探究 [J]. 外语教学与研究（外国语文双月刊），2005(3).

（四）教学方法缺乏与时俱进

教师的自我发展意识促使教师去了解各种教学理论，并在具体教学中尝试各种教学模式。但是，有些教师只是对这些理论进行了生搬硬套，教学过于程式化。以阅读教学为例，很多教师只是程式化地将整个教学过程分为阅读前、阅读中和阅读后三个环节；但是，对于各个环节的处理缺乏层次性和过渡性，未设定阶段性教学目标，读后的活动设计也与阅读的内容联系不够。很多教师都能开展阅读技能训练，但是对大学阅读教学应该达到什么层次，有些教师并不明确。这说明教师对教学理论的理解深度不够，缺乏教学设计的基本理念，需求分析不到位，或者很少进行需求分析。还有些教师在教学中仍旧以语言知识和技能的教学为目标，对非语言内容的关注不够。事实上，完成基础英语阶段学习的学生已经掌握了基本的语言知识和语言技能，大学英语教学不应该再以语言教学为核心、以技能培养为目标，而应培养学生运用技能获取信息的发展能力。大学英语教学应侧重合作意识、研究能力、实践能力、思维能力的训练，更应该侧重文化素养的培养。

（五）外语教育技术能力欠缺

随着现代教育技术的发展，互联网技术、多媒体技术已广泛应用于课堂教学。尽管有关互联网、多媒体教学的研究很多，但在实际教学中，多媒体的使用有时反而影响了信息的呈现，如课件中一些不必要的动画插件就分散了学生的注意力。这说明教师对学生的认知特点和对多媒体与学习之间的关系认识不清，过多地追求课件的美观、追求动画效果，从而忽视了多媒体对学习的促进功能。课件中出现的拼写、大小写等错误更反映了部分教师对待教学的态度不够严谨。

（六）在职培训力度不够

在职培训是教师发展的主要渠道之一，但是现有的进修提高机会并不能满足教师的实际需求。另外，高校教师的培训途径极其有限，多数大学英语教师能够经常参加的培训活动仅是每年的寒暑假专业培训。由于培训时间很短，加之培训缺乏系统性和针对性，培训效果难以尽如人意。真正由各级教育部门或专业机构系统组织的，旨在提高外语教师专业素质的培训寥寥无几，难以弥补教师专业知识方面的缺陷，也难以满足教师技能发展和教学科研方面的要求。

三、职业信念产生动摇

职业信念，指的是个体对自己所从事职业的一种认同感，并愿意将其作为自身行动指南的认识或看法。高校教师的职业信念是教师在对教师职业认识和了解的基础上所产生的对从事教师职业确信无疑的精神状态。它是高校教师以学生为主体、不计报偿、积极地投身工作的精神支柱，决定着高校教师的工作热情和工作态度，影响着他们的主观幸福感。随着我国经济发展进入新常态，社会各个领域都在发生着巨大的改变，人们的世界观、人生观和价值观都呈现出多元化的发展趋势。收入相对一般的高校教师面临着巨大的挑战，他们感到了越来越多的压力、迷茫和困惑。其中，有些教师迫于生活压力而从事一些兼职工作，不能很好地投入工作；有些教师无法从工作中获得成就感、得到肯定，缺少充分发挥自己主观能动性的精神，以及追求进一步发展的动力。社会价值观的改变、自身需要无法满足、自身价值和自我效能感的降低等因素时刻动摇着高校教师的职业信念。

四、心理素质不健康

英国教育家、心理学家戴维·方塔纳（David Fontana）经研究指出，教师的心理素质和特征对于提高教学质量、提升教育水平有着重要意义。但是，目前在高校英语教师中存在一些不健康的心理，如妄自菲薄，缺乏对自身价值的正确估价，因而缺乏进取心，得过且过；自命清高，缺乏正确处理人际关系的能力；竞争意识差，轻视实际工作和实践能力的提高；等等。这些不健康的心理极易使教师产生职业倦怠，同时对学生也会产生不良影响。

第四节　大学英语教师素养的完善途径

一、顶层设计，统筹规划，制订教师综合素质提升计划

高校要提高认识，将教师素质建设列入议事日程，践行“在学科建设中提升教师的科研能力、在课程建设中提升教师的教学能力、在现代信息技术与外语教学深度融合中提升教师的外语教育技术能力”① 的综合素质发展理念。

学科建设的主要内容包括科学研究、人才培养和队伍建设，其目标是增强学科的综合实力，提升学科的地位。英语教师的发展必须依靠英语学科的发展：学科强，英语教师发展的平台就大；学科弱，英语教师发展平台就小，甚至基本就没有。学科建设的重要载体是科学研究，主要体现在论文和专著、科研立项和成果奖等方面。只有科研强，学科方能强。学科的研究水平和综合实力是由学科全体教师共同打造的，因此，学科与教师之间是一种“互动关系”，建设一支结构合理、业务精湛、研究能力强的师资队伍成为学科建设的关键。英语学科在学科建设过程中要凝练研究方向、优化梯队结构、提升学历层次、重视团队建设，为优秀中青年教师脱颖而出创造条件。英语学科研究要主动适应国家经济建设和社会发展需要，特别是抓住中国文化走出去、国家实施“一带一路”倡议所提供的机遇，深入研究语言、文学、文化、翻译、教育、国情等，要立足中国大地，利用中国资源，中外融通，将中国视角与全球视野相结合，研究英语与汉语、外国文学与中国文学、跨文化、中外教育教学等，取得有原创性的成果。英语教师个人要增强学科建设意识，努力提升自己的科研能力，自觉将自己的学术研究与所在学科的全局对接，找准定位、多出成果，为学科建

① 王守仁 . 高校外语教师发展的促进方式与途径 [J]. 外语教学理论与实践，2017(2)：1-4.

设与发展做出自己的贡献。经过若干年的努力，随着学科建设向前推进，学科发展与教师发展进入了良性循环，英语教师发展的空间必定会越来越大，个人发展也必定会越来越好。

课程建设是提升教师教学能力最主要的方法之一。目前，高校英语教学的特点是庞大的教学实践和内容比较单一的课程设置。大多数学校的英语教师课上得比较多，但与其他学科相比，其课程建设做得并不是太强。但是，重视教学并不意味着多上课，而是要进行课程建设。开展课程建设，有助于培养教师的课程意识，即教师对课程的自觉、对课程的基本认识，包括课程主体意识、目标意识、资源意识、生成意识、评价意识和反思意识。课程建设的核心是课程设计，涉及课程教学目标的设定、教学内容的选择与组织、教学方法和手段的合理使用、恰当的评价方法。课程建设有助于推进教学改革、开展教学改革，从而拓宽英语教师发展的主渠道，这不失为一条提升教师教学能力的有效途径。

现代教育技术能力是教师教学能力的重要组成部分。英语教学向来重视教育技术的使用，教育技术在外语教学实践中的作用经历了由辅助语言学习向支持语言学习转变的路径。①21 世纪的英语教学改革以推进教育信息化进程为特征，抓住了现代信息技术革命的契机，充分利用信息技术，建立基于计算机和课堂的新的教学模式。在信息技术与互联网发展日新月异的今天，“互联网 +” 深刻地影响着人们的生活习惯、思维方式、经济模式等，促使知识学习、获得、产生的方式发生了巨大的变化，这些都给高等教育带来了史无前例的冲击、挑战和机遇。

展望未来，信息技术与教育教学的深度融合是必然趋势。为迎接智能型学习时代的来临，大学英语教师必须勇于实践，开拓进取，不断提高自己使用信息技术的意识和能力，在课堂教学设计与实施过程中融入并合理使用信息技术元素，“创建一个动态、多元的英语教学生态环境”，即现代信息技术支持下的课堂学习、在线学习、移动学习、翻转课堂等学习模式，慕课、微课等课程模式，以及大数据方法、互联网思维等新技术。② 这种探索对广大英语教师来说是挑战，但也蕴含着新的机遇。一线英语教师在探索外语教学新模式、提升自己教育技术能力的同时，可以发现和创造无限多的发展机会。

二、倡导终身学习，完善知识结构，创新管理评价机制

（一）完善知识结构

众所周知，英语教师在促进学生英语能力发展的过程中具有不可替代的作用。要想提高我国高校英语教育的整体质量，培育学生的英语综合应用能力，大学英语教师的专业素质是关键。具体优化策略如下：首先，要平衡大学英语教师学科知识结构，加强其对于薄弱环节知识的学习。英语教师应自觉、主动地把自己薄弱方面的知识作为自己在一定时期学习的主攻方向，一方面积极借助外力，接受各种培训，向专家、学者请教提升自己薄弱环节的方法与途径。另一方面挖掘自身潜力，采用脱产学习、在岗进修、自我学习等方式，

① 郑友奇，杨春红．外语教育技术的学科蜕变 [J]. 外语教学理论与实践，2016（4）：31-35.

② 同①.

尽快使自己的学科知识结构得到平衡；同时，尽快掌握定量研究和定性研究等外语教学研究方法，增强自身的科研和教学能力，通过强化补习自己的薄弱环节，促使自己的知识结构实现动态平衡。其次，要提升和完善大学英语教师的知识结构，扩展其专业能力。大学英语教师如果希望提升和完善自己的知识结构，扩展自己的专业能力，关键要从两个方面做起：一方面是把自己的教学体验与相关的理论原理进行比较联系，系统地学习相关的语言学理论，尤其是应用语言学知识，提高自己的语言素养和语言使用能力，了解最新发展动态，自觉地运用语言学知识指导英语教学实践；另一方面是多观摩其他优秀英语教师的教学活动，在具体的教学活动中积累、总结自己的教学实践知识，弄清楚自己教学成功或失败的原因，进行较系统的自我研究，通过研究别的教师的教学和通过在课堂上对有关理论的检验，了解科研与教学的关系，培养自己的科研意识，以科研带动教学，实现专业上的自我提升。再次，复合、创新大学英语教师的知识结构，培养紧跟时代发展的优秀大学英语教师。杨忠指出，根据我国政府“2000—2010 年全国基础教育课程改革的总目标”和“我国基础教育阶段英语课程标准的设想”，未来的大学新生有相当一部分可能已经达到了我们现在大学英语基础课程的教学目标，他们有的人已通过英语专业八级考试，有的已通过大学英语六级考试，他们的听、说、读、写各项专业技能与过去的学生相比都已上了一个新台阶。那么，学生入校后将期待英语教师教给他们什么呢？英语教师必须也只能为学生开设针对各种具体实用目标的选修课、高级英语课、语言能力提高课，甚至是专业基础英语课。这意味着大学英语教师的基本任务要有一个较大的转轨，大学英语教师自身的知识结构面临一次全面的重新整合。① 解决这一问题的最好办法就是让大学英语教师根据自身情况，选择经济、金融、外贸、教育、法律等专业，采取跟班旁听或攻读第二学位的办法去获取相关专业的专业知识，把自己培养成一专多能的复合型、创新型人才。

（二）实施高校教师的“国培”计划

在职教师发展的渠道很多，比如进修、参加学术活动、培训等，而培训是解决教师知识缺乏、技能不足的主要途径。高校教师的发展不能寄希望于培训，而应该像基础教育一样实施“国培”计划，进行系统性的培训，以弥补非课程教学论专业毕业教师在语言、学习、教育、心理、教学技能等方面的缺陷，以及师范专业毕业教师现代教育理论和技术的缺失，不能坐等教师自己去读书学习。

（三）构建英语教师学术共同体

对比其他学科教师，英语教师对学术共同体构建的重视不够。学术共同体是指一群志同道合的学者，遵守共同的道德规范，相互尊重、相互联系、相互影响，推动学术的发展，从而形成的集体。按马克斯·韦伯（Max Weber）的说法，学术共同体的成员必须“以学术为志业”。有不少英语教师并不真正以学术为“志业”，这也是英语教师对学术共同体缺乏关注的一个原因。但是，英语教师发展与学术共同体构建息息相关。学术共同体在推进知识的生产、传播和发展中发挥着重要作用，其成员通过学术的交流、探讨和争鸣，相互

① 杨忠，张绍杰，谢江巍 . 大学英语教师的科研现状与问题分析 [J]. 外语教学，2001(6)：79-83.

启发、相互促进、相互提携。学术共同体以学术为旨归，排除非学术因素介入，可以保证知识生产活动的严肃性，有助于营造风清气正、崇尚学术的良好学术生态。由此可见，英语教师学术共同体的构建会直接影响英语教师的发展。现在不少英语教师缺乏学术共同体意识，做学问时作为孤立的个体存在，不关注国内同行的工作，不与他人发生关联。袁广林认为学术共同体的特征之一是对话与交流："学术共同体内研究者通过彼此充分对话，各专业就能找到新的视野，各学科就能找到新的活力，研究者个人就能够找到新的灵感，知识也就能够找到新的综合力量。[①]"学术创新与推进的路径是"接着说"，需要争辩和批判，"缺少质疑、争辩和批判，思想就会停滞，学术发展就失去了活力"[②]。英语教师学术共同体意识不强，导致部分人的研究工作是低水平的重复。学术期刊是学术共同体的重要平台，学术共同体由于学术期刊的滋养而形成和发展壮大。反过来，学术期刊又由于学术共同体的支撑而存续和发展。目前，英语教师潜在学术人员多、活跃学术人员少，必须通过培育学术共同体，增加活跃学术人员，促进英语学术研究的繁荣和发展。英语学科要构建学术体系，形成中国学派，在很大程度上也有赖于学术共同体的构建。另外，英语教师学术共同体也不仅仅只是关注论文发表。张松松等人对大学英语教师教育技术能力现状和发展进行调研，根据问卷数据分析结果提出的建议之一是建立以学科教师、教育技术专家和学科专家共同组成的学术共同体："该学术共同体为交流工作经验和方法，解决教学中遇到的问题，以及分享教学工作的心得体会提供了一个有效的平台，进而演化为基于教育技术的合作共同体，有利于进一步提升大学英语教师的教育技术研究能力。[③]"总而言之，学术共同体的形成可以为英语教师的发展创造必要的条件和环境。

（四）构建学习型组织本位的管理体制

目前高校的管理仍旧是金字塔式的刚性管理体制，难以激发教师的主动性。要促进教师的发展，首先必须改变目前教师的心智模式，构建共同愿景，形成系统思考和团队学习机制，也就是构建学习型组织，尊重教师在教师发展、教师评价和教学管理中的主体地位。

（五）完善评价机制

目前，高校对教师的评价多把学生评价、学习成绩或者教师公开发表的论文数量作为衡量教师水平的主要依据。评价忽略了教师的发展，忽视了教师的专业知识结构和基本教学技能的发展。高校有必要把评价和发展结合起来，以评价结果确定教师下一步的发展目标，制订教师的个人发展计划，使教师实现有针对性的发展。高校可以通过评价鼓励教师开展反思性教学，鼓励教师在自己的教学领域展开实践、反思，然后进一步去实践。

三、加强师德修养，坚定职业信念，发展健康心理

① 袁广林.大学学术共同体：特征与价值 [J]. 高教探索，2011(1)：12-15.

② 同①.

③ 张松松，顾云锋.大学英语教师教育技术发展调研分析——以南京地方高校为例[J].外语教学理论与实践，2016(4)：65-70.

（一）坚持“四有好教师”、以人为本的标准，加强师德修养

育有德之人，需有德之师。教师的职业特性决定了教师必须是道德高尚的人群。“有理想信念”“有道德情操”“有扎实学识”“有仁爱之心”是对师德的明确要求。同时，教师还必须坚持“以人为本”，这是强化教师素质的核心，也是高校教师德育工作的重要内容。教师是教学的主力军，他们的道德修养、仪表风范等都会给学生带来影响。教师工作的特殊性要求教师必须以人为本，要具有高尚的师德。教师的职业道德水平决定着整个教育工作的价值方向。教师在道德生活中的任何瑕疵都会对学生的道德成长产生错误的影响；教师在价值观方面的偏颇直接影响着学生内心正确价值信念的形成。因此，高素质教师队伍在建设过程中，必须坚定不移地把师德建设放在首位，建立健全师德建设长效机制；突出对教师国家责任感和社会使命感的教育，带头践行社会主义核心价值观；进一步增强教师职前培养和职后培训中师德教育的针对性和实效性，使教师将师德素养内化于心、外化于行；严格师德考评，体现奖优罚劣，对师德败坏的个别害群之马实行“零容忍”；大力宣扬当代优秀教师阳光美丽、爱岗敬业、无私奉献、事迹突出的新形象，典型引领，注重感召，营造以德立身、立德树人的良好育人环境。此外，高校还要立足于社会和学生，开展教师教学评价活动，多角度地对教师教学质量、工作作风、道德水平、教学成绩做出评价，并将教师评价与年终考核、年度奖励挂钩，以提高教师队伍的自觉性和纪律性。

（二）保障教师基本需求，提升教师的自我效能感，坚定教师职业信念

要坚定教师职业信念，首先必须保障教师的基本需求，这是坚定职业信念的基石。马斯洛需求层次理论中的缺失需要（包括生理需求、安全需求、归属和爱的需求、尊重的需求）强调了基本需求的重要性。对我国高校教师，特别是青年教师来说，必要的生活需求得到满足是决定他们能够坚定职业信念的前提。青年教师刚参加工作，肩负着成家立业的重任，收入如果不能满足其正常的生活所需，则必然会动摇其职业信念。国家应逐步提升高校教师的薪酬待遇，让高校教师“安居乐业”。更重要的是，国家和高校要提供机会进一步丰富教师的知识体系，开阔教师的视野，增强教师的创新能力，同时也可以定期举办相同科目和岗位的学习共同体。教师可以在这样的学习小组内，相互交流、分享教学经验和工作方法，探讨如何针对当今大学生的学习和心理特点开展相应的课堂教学，从而提升学生的学习动机和学习效果，使教师更好地胜任自身的岗位，并且在岗位上充分发挥自己的价值，增强教师的自我效能感，坚定高校教师的职业信念。

（三）关注教师心理健康，改变教师的职业倦怠现象

高校可以根据实际情况成立心理咨询中心，每年为高校教师进行心理健康检查，为每一位高校教师提供心理评估报告，并对心理疾病严重者进行外部干预和治疗；可以与校外的心理服务组织合作，定期举办心理健康讲座，指导教师掌握心理健康的理论知识，增强教师的抗压能力和自我调节能力。同时，高校应充分重视教师的价值，尊重教师、关心教

师、依靠教师、理解教师，充分调动教师的积极性，发挥教师的主观能动性。因此，学校要扩大教师对其专业、学校教学及其他事务的管理知情权与参与权；增强高校工会活动能力，丰富高校教师的文化娱乐生活，倡导教师彼此交流与沟通，加强教师之间的合作；提升高校教师地位，明确行政管理人员的服务性角色，增强行政管理的灵活性和人性化，解决教师的职业倦怠问题。

第五章　英语学习策略研究

第一节　认知策略

一、认知策略的内容

认知策略可以包括多种具体的方法和步骤，常见的有下面几种：

（1）复述，即复述输入信息中需要记忆的内容。

（2）组织，即根据语义或句法属性对词和概念等进行分类。

（3）猜测，即运用口语或书面信息来猜测词义、预测结果或填补空缺信息。

（4）总结，即为记忆而对输入信息进行周期性的总结。

（5）演绎，即运用规则来理解语言。

（6）归纳，即运用例子来总结规则。

（7）意象，即运用视觉表象来理解和记忆新信息。

（8）迁移，即运用已有的语言知识促进新的学习任务。

（9）精加工，即在新信息之间或在新信息与已有信息之间建立命题联系并加以整合。

（10）注意，即将思想集中于有关学习的信息或重要信息上，对信息材料保持高度的警觉状态。

（11）简化，即利用关键词、缩写、符号和数字等记录和储存信息。

（12）联想，即建立知识之间的联系。

二、认知策略的学习

认知策略作为学习策略的重要组成部分，被课标列为课程目标，要求学生在学习英语的过程中对其加以掌握和内化。将认知策略作为课程目标是语言学习规律的要求，也是课标的创新之处。课标将认知策略细化为具体的步骤和要求反映在学习策略目标之中。

这些具体技能学生是可以通过学习来掌握的。由于认知策略属于程序性知识，因而学生对其进行学习时也应该采用符合程序性知识的学习方法。

（一）举例示范

由于认知策略是对内调控的技能，所涉及的概念和规则又是反映人类自身认识活动的规律，而人类认识活动潜藏于人的内部，无法从外部直接观察到，这类概念和规律难以通过直观演示的方法教给学生。认知策略教学的一个难点是教师如何通过具体实例向学生示范策略应用的情形。

（二）反复练习与运用

认知策略涉及的概念和规则一般都带有很高的概括性，在应用时有很大的灵活性。要使规则支配自身的认知行为，提高个体的认知活动效率，不可能经过短期的训练与教学就能收到广泛的迁移效果，英语教学尤其如此。

（三）符合认知发展水平

儿童的策略学习与应用受其整个认知发展水平的制约。对智慧技能来说，它的习得主要取决于个体对低一级智慧技能的掌握情况。而认知策略与儿童的整个认知发展水平密切相关。例如，儿童尚没有分类概念，因此学不会应用分类记忆的策略。

此外，认知策略的教学原则对培养学生的认知策略也有一定的借鉴作用，即：

（1）在进行认知策略教学的同时教授元认知。

（2）在原有知识经验的基础上进行认知策略教学。

（3）在积极主动的基础上进行认知策略教学。

（4）在具体的教学内容中教授认知策略。

（5）按程序性知识学习规律教授认知策略。

第二节　调控策略

调控策略也称为“元认知策略”。20 世纪 70 年代，美国心理学家约翰·弗拉维尔（John Hurley Flavell）在“元记忆”的基础上提出了“元认知”这一概念，并指出“元认知”就是“关于认知的认知”，是对自己的认知过程和结果的意识和控制。随着元认知理论研究的发展，许多语言学家将其引入学习策略的概念中来，称之为“元认知策略”。大量研究证实，元认知策略是高层次的语言学习管理技能，能使学习者使用元认知意识对学习进行合理的计划、监控和评价，在语言学习中具有重要的作用。元认知策略包括以下几个方面：

（1）计划策略，是指学习者根据自己已有的认知知识制订一个适合自己的学习计划，如确定学习目标、预测重难点、产生待回答的问题、分析如何完成任务、安排学习时间等。

（2）监控策略，是指学习者对自己的学习随时进行监控，如记忆监控、阅读监控、策略运用监控等，以保证学习任务按质按量完成。

（3）评估策略，是指学习者经常对自己的学习方法、学习效果和学习策略的运用情况进行自我评估，并且自我调节所使用的策略，以使学习效果不断提高。

由此可见，学生一旦学会了使用元认知策略，便可以将它们运用到新的学习环境中去。学生能够独立思考、自主学习，真正成为学习的主人。

元认知策略就是有关前计划和前评价、再计划与再评价，以及语言学习活动和语言运用场景的后评价，让学习者通过协调学习过程中的计划、组织和评价来调节自己的认知。元认知策略就是利用认知过程中获得的知识，通过确定学习目标与计划、监控学习过程和评价学习结果等手段来调节语言学习行为。对学习方法的评价和认识，即为元认知策略，涉及确定和调整学习目标、选择学习方法和技巧，以及对学习结果进行评价和反思等。可见，调控策略是指学生计划、实施、评价和调整学习过程或学习结果的策略。元认知策略能力的培养可以提高学生学习的自觉性，是学生学会自主学习从而取得进步的必要条件。

一、调控策略的内容

（一）预先准备

预先概括性、全面地了解要学习的概念和原理。

（二）预先预习

预先计划和演练语言结构，为即将学习的语言任务做好准备。

（三）定向注意

预先决定主要将注意力放在哪一项学习任务上，而忽略不相关的干扰因素。

（四）选择注意

预先决定注意语言输入的哪些具体方面或哪些情景细节，帮助对语言输入形成短时记忆。

（五）自我管理

认识有利于学习的各种条件，并主动创造这些条件。

（六）自我监控

注意语言表达的正确性和得体性，对不正确的语言表达进行更正，如语音、语法和措辞方面。

（七）延迟表达

有意识地在初始阶段推迟表达，通过听力理解、吸收。

（八）自我评价

检查自己语言学习的结果是否完满、准确。

认知策略和元认知策略构成了学习者的学习策略。开展对学习策略的研究是英语教学法的一项内容。不同观点的争辩是有益的，可以加深我们对学习策略的认识和理解。

二、调控策略的培养

就调控策略培养的具体内容而言，学生监控策略的培训主要集中在元认知意识、确立学习目标和制订学习计划、监控、自我评估四个方面。

（一）培养学生在学习过程中的元认知意识

培养学生对学习性质的元认知意识属于元认知策略。对元认知意识和策略的培养是指教师要帮助学生学会管理、支配自己的学习，并教会学生“学会学习”，使学生成为学习的主导者。元认知意识是指学生根据学习的规律和学习的具体条件，自觉地组织自己的学习活动的能力。教师的职责不能只局限于传授书本知识，还应该教会学生如何获得元认知的知识和体验，鼓励学生突破现有的学习模式去获得新的、有效的学习方法。

（二）帮助学生确立学习目标和制订学习计划

确立学习目标是另一种监控策略，指的是学生在学完一门课程后想达到的目的或其所能掌握的本领。通常确立学习目标是在一门课程开始之时。由于确立学习目标和制订学习计划紧密相连，因此可以将两者放在一起进行。具体做法如下：在学习前的准备阶段，教师应向学生介绍总体学习目标，并让学生了解教学内容和教学目标；让学生思考该如何使用教材和可得到的学习资源来达到这些目标，在学习活动中可以做什么、应当做什么。这样做，一方面，可以培养学生学习的兴趣和内在动机；另一方面，可以培养学生养成在互联网上搜寻资料的习惯，从而在一定程度上拓展学生的知识面。

（三）训练学生的元认知监控调节策略

教师可以建立以学生为中心的课堂，让学生的学习活动成为其自觉的认知活动，充分发挥学生的主观能动性，使学生在课堂上运用元认知策略中的规划、监控、调节策略指导、监督、管理自己的学习。在传统的英语课堂教学中，教师往往是教学工作的主角，偏重语言知识的讲授，而忽视了学生的学习过程和学习方法；学生只是被动的接受者和服从者。而在目前所提倡的以“学生为中心”的课堂上，教师和学生合作完成学习任务，教师的角色转换成学习的示范者和促进者，学生则是一个主动的参与者。他们明确自己想学习的内容和所要达到的目标，争取任何学习的机会，监控和管理自己的学习过程。

（四）师生评估相结合，提高学生的自我评价能力

为适应大学英语网络教学的需求，英语教学必须改变原有的教学评价模式。过去，教师习惯于通过考试成绩来衡量学生的学习，以及学生对自我学习过程的评价和调整，而现在的英语网络教学可以提供多元化的教学评价体系：教师在教学过程中可以不定期地对学生进行诊断性评价，以便及时发现学生在学习中存在的问题；还可以通过课堂提问、网络教学平台测试等方法对整个教学过程进行监控，突出过程评价，即形成性评价，在阶段性教学结束后，与整个教学结合进行总结性评价，帮助教师反馈自己的教学方法、教学水平等。除此之外，在结束计划的学习任务后，教师要组织学生进行学后小结，正确评价学习

情况，总结学习得失，并分析原因。最后，教师可以指导学生通过各种方式方法，如写日记、与同学交流、问卷调查等，鼓励和帮助学生回顾、检查、反思和评估学习内容、学习过程、学习结果，以及自己所采用的方法和策略，让学生尝试对自己的学习活动做出评价；通过评价，学生可以清楚了解自己在学习过程中的得失，及时调整自己的学习方法和计划，使自己的英语学习更具目的性和科学性。

第三节　记忆策略

记忆就是人脑对经验的反映，包括识记、保持和再现三个环节。记忆从人反复感知一定的客观事物，借以形成较巩固联系的识记过程开始，经过保持过程进一步巩固已形成的联系。识记和保持的内容在一定条件下可以恢复，这就是再现或回忆。20世纪50年代以后，一些心理学家倾向于用信息加工的观点解释记忆，认为记忆是人脑对所输入的信息进行编码、储存和提取的过程。

记忆还是一个主动的心理过程。被储存在记忆系统中的信息不断得到加工、改造，与个体在识记前和识记后的经验建立各种关系。在记忆中，经验发生量和质的变化。按记忆内容，记忆又可分为多种记忆。记忆的生理机制是人脑在外界刺激作用下形成暂时的神经联系，留下痕迹，这些痕迹在复习时经强化得到巩固；再现时，旧痕迹被激活。

由此可以认为，所谓记忆策略是指主体运用记忆的一般规律有效地识记、保持、提取信息的方法和技巧。

一、记忆的三个阶段

记忆的三个阶段，或称三种记忆系统，具体包括：第一，瞬时记忆阶段，时间不超过2秒。在这个阶段，外界信息进入感觉通道，并以感觉映象的形式短暂停留。第二，短时记忆阶段，时间不超过1分钟。在这个阶段，储存在感觉通道中的感觉信息大部分迅速消退；只有得以注意和复习的小部分信息才转入并被保存在短时记忆中。在短时记忆中，言语材料信息基本上以听觉形式编码，动作和空间形象的信息基本上以视觉形式编码。第三，长时记忆阶段。在这个阶段，短时记忆中储存的信息经过复述、编码，并与个体经验建立了丰富且牢固的意义联系，就可能转入长时记忆系统中。这些信息在个体需要时可以被检索并被提取，从而得到再现。长时记忆的时间为1分钟以上甚至终生；长时记忆的容量极大，包括人所记住的一切经验。在长时记忆中，信息大多以自然语言为中介进行编码，视觉表象也可以作为编码的中介。现代认知心理学研究表明，长时记忆中的信息是以命题网络的方式被保存。当需要再现时，网络的某一相关部分被激活，相关信息被提取而转入短时记忆，随之得到再现。

二、记忆策略的培养

记忆策略包含多种次策略，如背诵、重复、联想、简化等。该方法对学生记忆英语单词效果良好。人们认为，在常规英语课堂教学情境中，教师可以有意识地注重记忆组织策略知识的传授，注重记忆组织策略训练与记忆监控策略训练相结合，采用联想归纳策略训练。具体程序如下：第一，通过案例教学使学生理解 5 种联想归类策略（①从属关系或包含关系；②相同、相似或相反关系；③某种组合关系；④汉语表达相同但英语表达相异；⑤语义背景上有某种共同特征），并明确其适用的条件和范围。第二，结合单词教学、口语教学、阅读教学和练习教学等环节，适时恰当地给出练习项目，并对选定的某种方法进行判断。第三，给出训练项目，要求学生用某种联想归类法对已学过的词语进行记忆训练，并对组织过程和效果进行检查和评价。第四，根据反馈采取补救措施。第五，针对某个训练项目，让学生回忆整个组织过程和结果。第六，强化训练，检测其有效性，即重复后 4 个训练程序，逐步使学生形成应用联想归类策略记忆英语单词的意识和习惯。

记忆策略的形成和获得还受学生自身因素的影响，特别是学生的发展水平、能力差异、动作差异等。教师应该全方位地培养和发展学生。在实践中，有人总结了记忆策略的 9 个要点：背诵是记忆的根本；争论是记忆的益友；理解是记忆的基础；重复是记忆的窍门；趣味是记忆的媒介；联想是记忆的捷径；应用是记忆的动力；简化是记忆的助手；笔记是记忆的仓库。

第四节 情感策略

一、情感因素的类型

英语学习中的情感因素共有两大类，一类是指学习者的个别情感因素，包括焦虑、抑制、自尊心、性格、学习动机等；另一类是指学习者相互之间及学习者与教师之间的情感因素，包括移情、课堂交流、跨文化意识等。情感因素复杂而易变，贯穿学习的全过程，互相联系又互相作用。英语学习情感策略是指学习者在英语学习过程中控制和调整自己心情、态度、动机等的方法和能力。关于这两类情感因素的具体解释在一般心理学著作中都容易查到，这里不再赘述。

二、情感策略的培养

教师首先要对受试者进行情感策略培训。教师在深入了解受试者的年龄、性别、学习动机、个性特征、认知方式类型、元认知发展水平，以及教学环境等的基础上，对受试者进行激发学习动机、提高自信心、磨炼良好意志和克服不良情绪等情感策略培训；同时，研究受试者使用情感策略的心理过程，关注学生的情感因素，挖掘促进学生认知、情感、技能协同发展的方法。

（一）培养兴趣，激发动机

认知主义心理学代表人物之一杰罗姆·布鲁纳（Jerome Seymour Bruner）认为，内在动机是维持学习的基本动力，几乎所有学生都具有三种最基本的内在动机：好奇内驱力（求知欲）、胜任内驱力（成功的欲望）和互惠内驱力（与人和睦共处的需要）。这三种动机都隐含内在的学习愿望，具有自我激励作用，并且效应持久。许多中外语言学和心理学的研究都证明：学习动机是可塑的，且动机一旦形成，就会贯穿学习活动始终；学习动机可以加强并促进学习活动，而学习活动又可激发、增强甚至巩固动机；强烈的外语学习动机可以克服语言天赋的不足和学习条件差等因素。教师在教学过程中穿插适量的讲座、自我测评和讨论，可以激发学生在英语学习方面的求知欲望和成功的愿望；用合适的教学内容、教学方法和手段可以提高学生对英语的浓厚兴趣。具体措施如下：①教师可以用生存、发展、工作和教育需要，自尊、自我实现需求，以及地位、心理安全、归属感等引导学生构建明确的短期目标和长期目标，通过满足学生认知和情感需要来激发学生的学习兴趣和内在学习动机，调动学生学习的积极性；②在教学过程中，教师可以注意穿插新颖且难度适中的教学内容，如原声电影、外语新闻、英美文化背景、文学欣赏等，并运用多媒体手段多层次、多维度地刺激学生的感官，激发学生的学习兴趣，提升学生融入英语文化的程度。

（二）分析成败，提高自信

自信是学生对自身价值和能力的评价和认识，包括认同感、胜任感和成效感。在自信受到保护和鼓励的环境中，学习的认知活动最有效。成功体验能激励学生取得进一步的成功，而屡次失败会损害学生的自信心，从而导致最终的失败。问题解决活动可以使学生获得胜任感、成效感和快乐，这对促进学习至关重要。教师对学生进行归因训练，可以帮助学生客观地了解自己的优势和劣势，正确地认识自己、评价自己也很重要。因此，教师要帮助学生树立正确的观念。英语学习是一个受学习者控制的认知过程，关键在于学习者的努力和坚持，学习者可以通过适当的学习策略提高学习效果。教师一方面要引导学生正确地对待学习过程中的挫折和失败，使学生学会正确地分析自己的成败，并破除迷信，相信世界上没有唯一、最佳的学习方法，只有最适合自己的方法；另一方面，要关注学生的个性、人格，赏识学生的点滴进步，鼓励学生做有利于建立自信的比较，使学生逐步获得更多的正面暗示，如引导他们发现自身的“亮点”：一天记了几十个单词和词组，学了几个有用的结构或句型，快速看完一篇散文并能欣赏其中一两个隐喻表达等。通过这些方法，教师能够逐步激发学生对英语学习的自信心和积极性，不断挖掘并维持学生的学习动力。

（三）克服不良情绪

过度的消极情感（如焦虑、害怕、紧张、愤怒、沮丧、怀疑、厌恶等），会影响学生学习潜力的正常发挥。如果学生在语言学习过程中遇到的消极情感太强烈，那再好的创新教学和学习方法，或再好的教材也无济于事。与此相反，积极情感（如自尊、自信、动力、移情等）能极大地促进学生的语言学习。许多研究表明，焦虑、压抑等与学习成绩、口头和书面表达能力、自信心、自尊心之间都存在负相关关系，对语言学习有负面影响，甚至能够造成恶性循环，但焦虑和压抑是可以克服的。很多学生在学习英语过程中存在着不同程度的苦恼：记不住英语词汇、句型和语法，或者记住了却用不上；花时间最多的一门课程却成绩最差；等等。长此以往，学生便会产生心理疲劳、挫折感，甚至导致出现过度焦虑等情感障碍。这不仅浪费精力和注意力，而且相对削弱了思考和记忆的能力，语言存储和输出效果也随之降低，甚至进一步增加焦虑的程度，造成恶性循环。这类消极情绪典型地表现在英语基础差的学生身上，他们大多担心出错，怕“丢面子”，紧张和尴尬，因此索性不回答问题或表达观点，只是做一个旁听者。久而久之，就会形成恶性循环：学生越不敢表现就越出错，出错越多就越害怕表现，从而参与语言实践的机会越来越少，学习效果也就越来越差。有的学生甚至认为自己不适合学英语，因而从不主动去学习。针对这些问题，教师在教学中应努力做到以下几点：

（1）教师要从整体出发，全面调控和优化课堂教学心理环境，如协调学生之间的关系，及时解除不良情绪的干扰；多设计小组合作任务，利用小组内更融洽的关系和学生为小组争光的心理，促使他们积极、主动地交流。学生在小组合作中的焦虑程度远低于当着全班学生回答问题的情景，这大大增加了学生用英语交流的机会。

（2）当学生发言时，教师要面带微笑并仔细倾听或提示，引导学生完成整个过程，或可简单提示并让学生自己纠正错误。教师尽量不在发言过程中纠正学生的错误，以免引起学生的焦虑；对学生发言中的小错误可忽略，对较明显或典型的错误先做肯定评价，再做适度纠正。

（3）教师要做到布置的任务具体，提出的要求或目标明确，促使学生及时了解自身的进步和不足，尽可能地消除因茫然带来的焦虑。

（4）教师要指导学生了解人脑的认知特征、记忆与遗忘的规律、长时与短时记忆的不同效果，引导他们结合各项认知策略，使词汇和语法知识有效地进入长时记忆，为输出打下坚实的基础，也为学生克服焦虑、抑制不良情绪创造条件。

（四）磨炼意志

如果教师能够使学生清楚地理解学习目的并明白完成任务和活动对个人的益处，就可能帮助学生创造或增强学习的动力。如果教师能够帮助学生控制自己的学习、制定目标，则有利于强化学生的学习动机。教师的反馈对动机有促进作用，奖励、表扬等正面强化手段比惩罚等负面手段效果更佳。要使学生在英语学习中专心致志，并具有持久的学习热情，除了要激发他们深层的学习动机外，还须磨炼他们的意志，使他们在遇到困难时有顽强的自制力和坚强的毅力。

（五）培养合作意识

新课标将合作意识作为情感态度的重要内容，说明合作精神是当今世界的主流。可以说，没有合作就没有世界的繁荣与进步。培养学生的合作意识应通过小组合作的形式进行。学习是合作学习的基本形式，因此，教师要将学习内容转化为只有通过合作形式才能完成的任务，这样可以自然地促使学生与学生进行合作与协商，如短剧表演、采访、社会调查、办英语小报等。

（六）培养祖国意识和国际视野

祖国意识的集中体现就是爱国。爱国是学生最需要培养的情感。祖国意识的培养应从介绍中国文化和民族英雄入手，教师要挖掘教材的相关因素对学生进行教育。同时，教师也要结合教材帮助学生接受异国文化，使学生拓展国际视野。

第五节　社会策略

语言是一种社会行为，也是一种交际工具。交际在是人与人之间进行的。因此，学习一种语言就要涉及他人，而在此过程中运用适当的社会策略（或称社交策略、社交语言策略）是非常重要的。

一、社会策略的内涵

社会策略是指与他人一起学习和向他人学习的策略。学习者或以合作学习活动形式与他人互动以促进学习，或询问、澄清，或使用某种情感控制来协助完成一项学习任务。

社会策略包括询问问题、与别人合作、移情。

在这种社会互动中最基本的是询问问题，它是能让学习者从中受益的行为。询问问题有助于学习者接近隐含的意思，因此有助于学习者进行理解。询问问题也有助于学习者与同伴对话以提供更多的用目标语进行的“输入”，并表示出兴趣和投入。而且，对话者对学习者问题的反映说明该问题本身已被理解，因此为学习者的表达技能提供了间接的反馈。

除询问问题外，一般来说，与同伴和更熟练的目标语使用者合作对语言学习者来说绝对必要。

移情是指为了更好地理解别人的观点而“设身处地为别人着想”的能力，也就是通过换位思考等方式体验他人的情感。移情在任何语言中对成功的交际都非常重要。因此，社会策略能够帮助所有学习者通过增进文化理解和了解他人的思想和情感来提高移情能力。

二、社会策略的培养

对英语学习者而言，社会策略是一项有用的学习策略。然而，据调查，学生很少使用这种策略。有关社会或社交策略与英语教学的论文十分罕见。到目前为止，外语类核心期刊尚未有相关论文发表。根据社会策略的内涵可以认为，培养学生的社会策略能够促进学生的语言学习和人格发展。因此，教师应从以下几个方面对比进行培养：

（一）提出质疑

能够合理地提出质疑是学习者积极思考、有个人思维的一种表现。要想帮助学生养成爱思考的习惯，教师在课堂上可以结合对学生情感策略的培养，给学生多提出一些选择性的问题。例如，在听力理解中，学生往往喜欢采用做笔记这一学习策略。不同学生记下的内容可能不同，然而在完成练习的时候，却会期望得到教师统一的答案。教师应该训练学生按照自己的笔记总结自己的答案，然后与同学交换答案进行对比，借此训练他们对归纳、总结等直接策略的使用能力，发挥他们的主观能动性。

（二）提高文化意识

在英语学习中，学生难免会遇到一些由东西方文化差异而引起的语言障碍。例如，在对话中，当听到顾客在使用支票支付时，售货员要求顾客出示驾驶执照，学生会感到非常困惑，这是因为学生对西方国家的法律制度不太了解。在美国，驾照和身份证一样，都是能够证明持有人身份的有效证件。教师应该注意帮助学生提高文化素养，通过听、唱英文歌曲、欣赏原声影视节目、阅读英文报纸杂志等途径来领略英美等国家的风土人情，增强学生的跨文化意识。

（三）创造使用社会策略的良好氛围

为使学生有效地运用社会策略，英语教师应激发学生的交际动机，创造交流机会，使学生在交流中提出问题，获得帮助，同时更好地理解对方。举办英语角、表演短剧和进行采访调查不失为培养学生的社会策略的有效途径。

第六节 补偿策略

补偿策略能使学生在知识有限的情况下更有效地理解与表达。补偿策略旨在补偿学生的语法，尤其是词汇知识的不足。

一、补偿策略的类型

补偿策略共有 10 种，分为以下两类：

（一）在听、读中运用线索来猜想

猜想策略，有时也称为“推测”，是指学习者在不完全认识单词时使用多种线索（语言线索和非语言线索）猜测词义。良好的语言学习者在遇到不知道的表达法时，会做出有根据的猜测。然而，不够熟练的语言学习者经常会惊慌失措，或者抓住词典查找每个不认识的词。这是阻碍熟练和进步的有害反应。无论是语言专家还是新手，当他们没有听完整时，或者当他们不知道生词时，或者当意思藏在字里行间时，他们都会运用线索做出猜测。

（二）克服说、写的困难

其他补偿策略，如调整或估计信息、杜撰新词、使用迂回法或同义词，抑或选择话题，可以用于口语和非正式的书面语。

二、补偿策略的培养

补偿策略对弥补学习者语言乃至文化方面的缺陷具有重要作用，补偿策略的培养应基于以下方面：

（一）立足情景语境

情景语境，即上下文，包括话语发生的实际场所，是语篇的内部信息网络。它是学习者猜测词义的最重要的依据。在情景语境中，学习者可以利用关键词、同义词、近义词、反义词、下义词、语法结构、解释、语调、语气，甚至非言语行为（如面部表情、手势、实物等）进行猜测和推测；通过有关交际过程的知识，包括说话者和听话人的身份、交际场所、话题、语域等猜测词义。利用语境猜测词义的论述较多，这里不再赘述。

（二）丰富文化知识

英、汉两种语言具有不同的文化根基，两种语言使用者的思维和表达带有浓厚的文化烙印。在不具备目标语文化图式的情形下，理解和被理解往往会出现困难，甚至导致误解。因此，学习者要尽量丰富世界文化知识，了解目标语使用者的文化渊源和思维习惯，这样才能在交际中进行有效补偿。例如，东方的“龙”（dragon）在西方文化里是不吉祥的，甚至是邪恶的（evil）。此时，在将中文中的“龙”翻译时，就可以用“tiger”（虎）进行替代，即采取补偿策略。如果我们不了解东西方的这种文化差异，那么补偿策略就难以实施。所以，丰富文化知识、了解文化差异是实施补偿策略的先决条件。

第七节　交际策略

一、交际策略的类型

（一）词汇策略

1. 目标语策略

目标语策略，是指学习者用目标语来描述某一词语。

2. 迂回说法

迂回说法，是指学习者使用目标语描述某物或某行为的特点，或某物的成分，让对方明白其意。

3. 创造新词

学习者可以创造一个新词以表达一个要表达的概念。

4. 用近似词

学习者可以用目标语的一个词代替要表达的词语。

5. 用同义词

学习者可以用同义词表达另一个词语。

6. 用反义词

学习者可以用反义词表达另一个词语。

（二）知识策略

知识策略，是指学习者联系自己的常识和经验，以联想的方式，运用目标语表达某词语的意思。

（三）重复策略

重复策略，是指学习者重复说过的话，希望对方能再考虑一下，猜出该词语的意思。

（四）求助策略

求助策略，是指学习者要求对方解释某一词语或提供某一词语的正确语言形式。

（五）手势策略

学习者在交际时，可以辅以手势来表达意义。

（六）回避策略

回避策略，是指学习者放弃话题或回避某一语言单位的使用。

例如，有些学生不会使用过去时态，在交际时他可以改变话题。新课程标准（以下简称新课标）将交际策略列为学习策略，并认为，交际策略是指学生为了争取更多的交际机会、维持交际，以及提高交际效果而采用的各种策略。

二、交际策略的培养

交际策略的研究可以帮助我们了解外语学习过程，并与探讨外语教学法联系在一起。陈思清在《交际策略在外语交际中的运用》指出："有效地使用交际策略能使学生运用有限的知识来达到无限的交际目的"。新课标尤其注重学生交际策略的培养。

（一）积极参与英语交际活动

交际策略是在交际活动中培养出来的。学习者要敢于积极、大胆地用英语与同学或教师交流。学习者在交流中不能怕出错，出错是进步的象征，因此学习者要敢于开口。同时，学习者要积极利用多种渠道，包括利用网络资源使用英语，在真实交际中培养有效的交际策略。

（二）敢于实践交际策略

在交际中，学习者要敢于表达自己的情感、想法和观点，把注意力集中在交际的内容上，而不是语言形式上；要敢于尝试学过的交际策略——语言的和非语言的——解决语言困难，维持交际的正常进行。当学习者使用交际策略克服某种语言阻碍时，学习者就会更有信心，从而更熟练地使用交际策略，最终提高交际能力。

第八节　资源策略

资源策略是指学生合理并有效地利用多种媒体进行学习和运用英语的策略。高校学生应在义务教育阶段所培养的自主学习能力的基础上，进一步掌握资源策略，学会独立地获取信息和资料，并加以整理、分析、归纳和总结，从而扩展知识面、开阔视野、充实生活，更自觉地规划人生。

一、课程资源的内容

英语课程资源包括英语教材及有利于发展学生综合语言运用能力的其他所有学习资料和辅助设施。它包括教材、广播、影视节目、录音、录像资料、网络资源和报纸杂志等，还包括图书馆、语言实验室、视听室、音像设备等基本和常用的教学设备，也包括电视机、录像机和计算机多媒体设备。可见，新理念下的教材观不仅仅局限于传统教科书的概念。

二、课程资源的开发与利用

（一）教材的处理

教材是课程资源的核心部分。教材在教师心目中有重要的地位。对于教材的使用，教师往往补充得多、删减得少。然而，教材只是教师教学的依据，即用教材教，而不应是教教材。因此，新课标建议教师要善于结合实际需要，灵活和创造性地使用教材，对教材的内容、编排顺序和教学方法等方面进行适当的取舍或调整。具体处理如下：

（1）对教材内容进行适当的补充和删减。

（2）替换教学内容和活动。

（3）扩展教学内容或活动步骤。

（4）调整教学顺序。

（5）调整教学方法。

（6）总结教材的使用情况。

关于如何处理教材，教师没有必要把教材中所有的板块都教完，也没有必要把所有的“任务”都做完，因为教材只是一种教学资源包。教师应灵活、创造性地使用教材，即依据学生的实际，大胆删减、增补和重组教材内容。具体而言，教师可以进行以下几个方面的工作：

（1）根据学生的实际水平删减教材内容，以便集中精力处理最重要的教学内容，实施最有效的教学活动，落实最重要的语言知识和技能。

比如，简化 Warmin gup(热身)、Speaking(演讲)、Talking(讨论)、Post-reading(读后阶段)、Project(规划)，以及 Assessment(评估)等反映的教学步骤。另外，教师可以舍弃一些与学生生活相距较远、专业性太强的内容。

（2）对学习有余力的学生可以通过报刊阅读等手段增补和拓展教材内容。

（3）结合学校的实际和学生日常活动的主题调整教学顺序，重组教材内容。

（二）教材与其他教学资源的处理

教师在充分利用教材的前提下，应积极地使用其他课程资源。教材本身就是经过筛选的课程资源，在英语教学过程中，根据教学的需要或根据学生发展的需要，与教材内容相关的一些课程资源需要教师和学生一起去开发并利用。所谓教材的二次开发，就是指教材的再开发、多次开发；就是将与教材内容相关的、对学生学习有意义的材料，经过教师的努力，在教学过程中呈现给学生。随着现代信息技术的发展，新课程理念下的英语教材的内涵也有了新的发展。除了教师手中的教科书、指导用书、学习辅导读物外，各种图书资料、报纸杂志、录像与录音、光盘、计算机软件，以及网络信息化资源都可以被理解为教材。此外，现实生活、自然环境、社会发展等均可被视为“活教材”。现代教育理念认为教学应依据教材，但不局限于教材，是在师生互动的课堂教学中及时开发的有价值的课程资源。教师应为不同年级的学生精心设计并挑选适合这个年龄段学习需要的丰富多彩的图书教材、视听教材、电子教材、网络教材等，并根据学生的实际情况分享这些资源，从而拓宽学生的视野，强化学生的情感体验，提高课堂教学效率。

三、资源策略的培养

在对学生的资源策略进行训练时，教师应注重以下几方面：

（1）布置课本以外（不能从课本上找答案）的作业。

（2）多做规划（project）。

（3）布置跨学科作业。

（4）布置可以从语言实验室、多媒体等现代教育技术，以及图书馆、互联网、生物园、动物园、博物馆、水族馆等找到答案的作业。

可见，资源策略的训练主要以“任务”为媒介，是让学生从课本之外亲身参与、体验寻求答案的过程。在完成任务的过程中，学生不断获得“果实”，品尝“甜头”，进而自然地养成广泛收集信息的习惯，形成了资源策略。

第九节　自主学习策略

一、自主学习的定义

自主学习到目前为止尚未有一个统一的定义。学者们从不同的视角给自主学习下了不同的定义。

（一）概念工具

其代表人物是霍勒克（Holec）。霍勒克于1985年将自主学习表述为“学习者在学习过程中对其学习所做出的一切决策并对这些决策的实施要全权负责”。

（二）个性特征

其代表人物是利特尔（Little）和肯尼（Kenny）。利特尔把学习者自主学习看作“主要是学习者的学习过程与学习内容的心理关系问题”；肯尼则认为“自主不仅是学习上的自由，而且是‘成人（become a person）的良机’”。

（三）政治概念

其代表人物是本森（Benson）。本森将学习者自主学习定义为“对学习者在教育体制内，在英语作为外语的教学的情境中的实况的识别”及根据整个英语世界中的“本族语言者”对“非本族语言者”实况的识别。

（四）教育实践

其代表人物是鲍德（Boud）。鲍德指出，自主既是教育实践的方法，也是教学的目标。而加德纳（Gardner）和米勒（Miller）则将自主学习定义为“开始计划并实施其学习项目”的人。可见，加德纳和米勒的定义也属于第四类。

二、自主学习教师角色的转变

《义务教育英语新课程标准（2022年版）》要求英语教师把学生作为学习的主体来看待。学生探求新知的好奇心、主动探究知识的愿望和积极的学习态度，都是作为学习主体的学生应该具有的和需要培养的。英语教师要认识到学生的主体地位，积极引导学生在英语学习中自主学习、探究发现、合作交流，从而拓展学生学习英语知识的渠道，拓展学问上发展的空间。

英语教师必须认识到，学生作为英语教学的主体，具备有思想、有思维、有情感的个性。英语教师必须尊重学生，在教学过程中师生应处于平等的地位。英语教师要尊重学生的意见、看法，尊重学生的人格；对学生的不同意见或言语错误不能用指令式、裁判式、批评式的语言，更不能讽刺挖苦；教师不能把自己对英语的理解强加给学生，应鼓励学生多角度地发表见解，努力营造一种教学相长、和谐平等的英语课堂气氛。这样才能使学生始终积极主动地探究英语知识、掌握英语交际技能。

三、自主学习策略的培养

（一）优化学习资源

自主学习的资源因素要求提供真实的学习材料，配备现代化的多媒体网络平台或建立自主语言学习中心，组织自主性的学习活动，使学生能够接近真实的语言使用者和其他语言学习者。新编英语教材可以满足有形资源的需要。此外，教师作为真实的语言使用者，要尽量使用地道的英语组织教学；同时，还要注意自主学习课堂与课外的结合，利用学生资源，让他们积极参与讨论、活动和评价，充分发挥他们的人力资源的作用。

（二）正视师生角色

传统教学中的教师是主宰课堂的权威；而在自主学习中，教师是信息提供者、顾问、真实语言使用者、管理者（manager）、材料撰写者、评价者（evaluator）和组织者。同样，在自主学习中，学生也不是传统教学中被动的知识接受者，而是计划者、组织者、管理者（记录）、思考者（关于学习）、自主语言学习评价者、自我评价者和自我激发者；其他学生不再是传统教学中的陪衬，而是合作者和同伴评价者。可见，师生角色的转变是自主学习的前提，尤其是教师要提高服务意识，给学生创造更多地参与语言实践的机会，充分发挥学生的主体作用。

（三）发挥管理作用

教学管理部门要发挥组织作用，对整个体系进行监督、协调、决策和合作，要用最能支持学习者需要的方法组织自主英语学习，保障自主英语学习的有效开展。例如，安排学生到自主学习中心学习，并对学习效果进行评价。

（四）注重个性化

教师要承认学生具有个性差异，如学习风格、学习策略、学习时间与地点、学习所用时间、学习水平、学习内容和学习投入等。在教学中，教师要尊重学生的个性差异，让学生有权选择学习内容，特别是课外阅读和练习，做到因材施教。

（五）有效利用需要分析

需要分析是实施自主学习的前提条件。教师应根据学生的差异和他们做出的需求分析，帮助他们确定学习目标，制订学习计划。同时，根据需求分析，教师应对教学进行调整和改进，以更好地适应学生的学习计划。

（六）关注学生的反应

教师要仔细观察学生的语言能力、语言学习方面的进展情况、自主语言学习的自我适应性，以及目标的建立情况，为调整和改进教学获取反馈信息。根据学生的反应，教师对自主学习进程进行调控，并为学生提供及时的帮助。

（七）利用“协商”机制

一方面，教师根据学生的反应，对学生的有关语言能力、学习方法提出忠告，并对他们的学习计划进行协商，以便使其更适合学生的实际；另一方面，在学习过程中，教师也要鼓励学生对他们所学的知识进行协商，从而形成对知识的构建。

（八）重视师生培训

教师要更新教学理念，充分认识自主学习的实质，尤其要认真学习《义务教育英语课程标准》，提高对自主语言学习的理解，以增强服务意识。学生也要提高对自主语言学习的理解，采取多种方法提高学习效率。

（九）注重评价与评估多样化

在自主学习中，评价的种类包括自我评价、同伴评价和外部评价。评价的目的包括自我监控、证明和对自主语言学习的评价。评价可以利用档案袋，或通过网络平台与教师或同伴交流。评估则是为了确定自主英语学习的自我适应性，同时就自主英语学习给教师或管理者提供反馈信息。也就是说，评价与评估应该体现形成性评价与终结性评价相结合，着重形成性评价。评价也不仅仅限于考试，教师要经常借助平时提问、作业和活动对学生的表现进行协商，在讨论和体验的过程中使学生逐步形成各项语言机能。

（十）合理开发教学资源

课程资源开发是国家赋予教师的权利和责任，因此教师要以主人翁的姿态积极参与校本课程资源开发。校本课程资源开发要注意支持适应学生个性化的需要，增加学生的学习和语言实践机会。在更多情况下，校本课程资源开发是根据学生差异和教学需要，对现行教材进行调整、补充和删减，尤其提倡将相关主题以任务的形式设计成能够鼓励学生积极参与的语言活动（如采访同学或教师、社会调查、办英语报和进行英语演讲等），旨在提高学生的综合语言应用能力。

总之，自主学习是一种复杂的策略体系，新课标将其既作为一种学习方式，又作为教学内容和教学目标，足以说明其重要程度。培养学生的自主学习策略不是一朝一夕之事，需要教师在英语教学过程中有计划、有步骤地依据自主学习因素进行教学实践，并不断地在教学实践中帮助养成学生自主学习的习惯，进而形成自主学习策略。

第六章　英语教学理念研究

第一节　现代教学理念审理

作为国际交往最常用的语言，英语的作用很大。在联合国，英语是几种通用语言之一，而且使用得最多。在国际航空、航海和体育界，英语是不可缺少的交际工具。在国际贸易界，英语也是最重要的媒介。在科技界，英语是国际性语言。

已经进入信息时代的地球变得“越来越小”，全球化趋势在21世纪更为凸显。人类彼此间的交往随着互联网的普及，越来越方便，越来越频繁。各个国家、各个民族之间的文化交流、科技交流和信息交流已成为人类生活中不可缺少的重要方面。

诚然，语言的本质是工具，但人类在进步、时代在发展、社会在前进，外语已从一种工具变为一种思想、一种知识库。一个人没有掌握外语犹如缺乏一种思想，缺乏一个重要的知识源泉。一个人多学一门外国语，等于在本来没有窗子的墙上开了一扇窗，这个人可以领略到前所未有的另外一面风光。19世纪德国语文学家、现代高等教育奠基人洪堡特（Wilhelm von Humboldt）说过：“学会一门外语或许意味着在迄今为止的世界观领域中获得一个新的出发点。”语言既是思想的外壳和载体，同时又确有思想模具作用。从这个意义上说，学会一门外语，不但是多了一双眼睛、一对耳朵、一条舌头，甚至还多了一个头脑。

从学习者的认知角度来看，语言是人类思维的工具、认识世界的工具，学习者掌握了一门语言也即掌握了一种观察、认识世界的方法和习惯，而学习另外一门语言就意味着学习另外一种观察、认识世界的方法和习惯。

令人不安的是，仍然有相当一部分英语教师对英语语言理论和教学理论表现出冷漠和无知。

面对当前严峻的现实，英语教师需要重新审视一下自己应该持有的现代教学理念。

一、现代网络信息技术对英语教学提出了新的挑战

信息时代的到来对我国的英语教师提出了怎样的挑战？互联网的普及使得网络英语成为现代英语一个极其重要的组成部分。部分英语教师观念落后、知识老化、教学手段陈旧是目前摆在我们面前的严峻现实。

二、英语学习效率低下的一个重要客观原因

谈起英语教学的实际效果，英语教师都深有体会。中国城市的孩子们学习英语的时间常常有十年，而最终大多数人收效甚微。原因到底是什么？可能一个非常重要的原因就是，英语在中国只能算是 foreign language（外语）而不是 second language（第二语言）。这是长期以来一直被我国英语教师所忽视的问题。

那么，第二语言与外语究竟有什么区别呢？它们是同一概念不同风格的用语，还是两个截然不同的概念？它们对英语教学会产生怎样的效果？

我们知道，second language 与 first language（第一语言）、相对，而 foreign language、non-native language（非母语）与 mother tongue（母语）、native language（本族语）相对。First language、mother tongue 和 native language 的共同特点如下：第一，都是最早习得的语言，常常是在家庭环境中习得。第二，熟练程度高，语言直觉强。Second language、foreign language 和 non-native language 的共同特点：第一，都是一种双语现象。第二，在掌握的时间顺序上次于第一语言。第三，熟练程度一般不如第一语言。第四，习得方式一般是学校教育、家庭教育或自学。

在我国，除了少数民族学习汉语和汉族人学习少数民族语言时可以把对方的语言称作第二语言外，中国人在中国境内学习其他国家的语言一般情况下都应称作外语。

首先，在语言环境方面，第二语言与外语有着根本的差别。第二语言学习者一般都有一个比较自然的语言环境，周围有众多的该语言的本族语使用者。由于种种原因，学习者和他们之间可能会有各种各样的联系。同时，由于该语言可能是官方语言的一种（如英语、法语在加拿大，英语在印度等），新闻媒介、官方文件、广告等为学习者提供了一个比较真实、自然的语言环境，而“外语”学习者一般来说很难有这样的语言环境。

其次，从语言输入来看，第二语言学习者一方面有自然的语言环境；另一方面，如果学习者通过课堂教学学习该语言，教师的语言程度、同学的语言程度等都会给其提供较理想的“可理解性输入”（comprehensible input），包括“针对外国人的谈话”（foreigner talk）、“教师语”（teacher talk）、“同伴语”（peer talk）等；而外语学习者则不同，他们一般不可能得到 foreigner talk 之类的输入，由于外语教师的语言水平总体上不能与第二语言教师相比，teacher talk 的质量和数量都不如第二语言教学课堂，peer talk 在很大程度上也受到限制。

再次，第二语言学习和外语学习在影响学习过程的情感因素方面也有着本质的区别。在第二语言学习环境中，由于第二语言在本语言社团的特殊地位，学习者往往有强烈的学习愿望和动机，如由于英语在印度和一些非洲国家是一种影响择业和晋升的重要因素，学习者的工具性学习动机就很强；再如，在美国和德国，这些国家的语言成为移民和客籍工人减少种族歧视、争取同等社会待遇和机会的工具，因此他们学习这些语言有着强烈的综合性动机。这些人与中国学生在中国本土学习英语有着根本的差别，这并不是说中国学生缺乏学习外语的动机；但中国学生很少会有对外语学习有更大促进作用的综合性动机，而

且，就整体而言，中国学生学习外语的工具性动机也不十分明确。这不能不说是中国外语教学的一个严重缺陷。就情感因素的其他方面而言，如态度、个人性格等，由于语言学习环境的制约，潜在的对外语学习过程的促进作用也受到极大限制。

更为重要的是，第二语言、外语与母语之间的关系不同，母语知识对另一门语言知识习得的影响也不一样。大家知道，母语知识会对学习者学习另一门语言产生正负迁移现象。在欧美国家，学习者所要学习的第二语言一般都是与他们的母语有着同源关系的语言，相近的文化背景和相似的语言特征使得他们的语言能力的正迁移远远超过负迁移。与此不同的是，中国学生所学外语一般与母语分属不同语系，两种语言的文化传统、语言特征，包括语音、语法和文字系统迥然相异，中国学生在学习中所遇到的困难远远超过欧美学生。

最后，由于以上种种原因，第二语言和外语学习者所能掌握的语言熟练程度大不一样。第二语言学习者往往能达到与本族语者相似（native-like）的程度，特别是在言语表达方面，而外语学习者就很难达到这种程度。

这样看来，外语教学有着与第二语言教学完全不同的特点，中国学生学习外语更有其特殊性。随着改革开放的不断深入，中国与世界的交往越来越多，英语运用也越来越广泛，然而我们的学生中到底有多少人真正是对英语感兴趣的，有强烈自我动力的？他们一周有4 ～ 6 节英语课，总数加起来不过 4 ～ 5 个小时，这点时间的英语接触够吗？在 50 分钟的英语课上，教师用英语授课的时间到底有多少？学生能开口说英语的时间又有多少？有多少学生的家庭有英语环境？有多少学生的父母懂英语？学生在课余时间主动或被动接触英语的机会有多少？学生在大学阶段一般在两年中只学习 4 本英语教材，而他们的课外英语阅读量又有多少？尽管我们可以看到一些十分成功的英语教学观摩课，在这些观摩课上英语教师和学生配合得天衣无缝，听、说、读、写操练样样娴熟，加上朗诵、短剧、多媒体演示，教学者为之兴奋，听课者为之激动。然而，在一年 365 天的英语教学中，这样的课又有多少？这本账，从事英语教学的一线教师心中应该是明白的。说到底，大学英语教学至今仍随着大学英语考试的指挥棒在转，跳不出“应试教育”的模式。

现代英语教学理念的更新对于现代英语教学方法来说具有更广阔、更富潜力的促进作用。

第二节 错误分析理念证悟

错误分析（error analysis）是研究外语习得的重要方法。错误分析研究从 20 世纪 70 年代开始兴盛，并形成了各种关于错误分类和错误概念的观点。

一、基于“语际语内错误”的语言教学理念

学习者在外语学习过程中所犯的错误主要有两类：语际错误和语内错误。语际错误是

由语言迁移（language transfer）产生的一种错误，是由学习者的本族语导致的错误，也就是母语的习惯、模式、规则等在“母语转换”的过程中对目的语学习的干扰性错误。语内错误是目的语项目内部之间互相干扰或者目的语项目学习不完整导致的类推过度，是学习者已经内化目的语的部分规则系统，但由于理解不准确或者不完整而导致不能全面运用目的语的内部干扰错误。

进一步的错误分析发现，有些错误说不清是语际错误还是语内错误。

（一）“语际语内错误”的语料描述

英语词汇与汉语词汇有许多不同，有些词即使意义相同，但其词义也有广义和狭义之分，内涵、引申各不相同，搭配、用法也都各异。而学生在学习词汇时往往把词汇记忆和词汇用法割裂开来，或者只记住词汇的个别意义而忽视了其丰富的内涵意义，因此在使用时常犯“语际语内错误”的毛病，导致用词生硬或不得体。

（二）“语际语内错误”的本质分析

语际错误和语内错误难以划清界限的原因是没有一个大家公认的确定母语负迁移的标准。研究得出，不同的学习者的母语迁移错误占学习者总错误的比例存在很大差别。研究人员在调查 518 名西班牙儿童学习英语的错误后，得出的结论是母语迁移错误的占比到 5%；还有一些研究结果却显示，学习者的母语迁移错误占比高达 80%。大卫·洛特（David Lott）的研究表明，学习者的母语迁移错误大约是 50%。根据一些实证研究，中国成年人在第二语言习得时母语迁移错误所占比例大约为 50%。另有专家发现，中国成年人学习英语不成功的因素有 59% 是受母语负迁移的影响。难以确定母语迁移错误的比例可能有多方面的原因：①错误类型太多；②对基本概念（如负迁移）特性的认识不同；③错误分析研究所依据的标准各异。因此，学术界至今还不能建立一个完整的系统来归纳“语际语内错误”。

但是，这类错误涵盖的范围很广，而且不同于单纯的语际错误或语内错误，基本上不是语法问题或明显的不正确用法，也并不影响理解。借助于上述对这类错误的描述，我们可以对“语际语内错误”的本质有一个比较清醒的认识：

（1）“语际语内错误”对语言理解的影响并没有外语学习者想象的那么严重，尽管错误数目增多，可理解性相对减少。

（2）语言环境（context）在很大程度上能帮助理解，它有时比表达中的“错误”更为重要。

（3）词汇方面的错误比语法方面的错误更可能影响理解。

（4）“整体”（global）错误比局部错误更影响理解。整体错误是指整个句子组织结构的错误，如误用连词、主要词组语序颠倒等；局部错误是指小范围内成分的错误，如某一词尾的省略或某一冠词的误用等。

（5）语言流利程度（proficiency）比错误更容易造成理解困难。

（6）错误引起的“反感”（irritation）主要取决于理解的效果，即对方是否理解了表达者的意思，而不是某个单独的错误。

要认识“语际语内错误”的本质，可以从以下三个方面去探究基于这类错误的教学理念问题：①学习语言的目的在于表达（口头或书面的）；②表达错误不一定影响理解或造成理解错误；③语言学习过程中的“自我纠错意识”和“文法意识”不可或缺。

（三）基于“语际语内错误”的语言教学理念

如何去探究基于“语际语内错误”的语言教学理念问题？笔者试图按照语言掌握循序渐进的过程（语言初步表达—语言熟练掌握—言语能力形成），提出有关语言教学理念的三个命题，并从多个语言学角度和心理学角度论述其对减少“语际语内错误”的作用。

1. 语言初步表达，“互相理解”是基础

在学得和习得目的语的过程中，学习者将不自觉地使用自己已经学到的语言规则（不管是母语的，还是目的语的）构造新语言，因为利用已有的知识或技巧可以简化习得的过程。这一过程就像牙牙学语的儿童一样，肯定有一个犯错误、改正错误，再犯错误、再改正错误的过程。从某种意义上讲，这些错误也是学习者“以自己的方式”使用外语表达自己思想的结果。

但是，在对待学习者错误的问题上，外语教师似乎更愿意坚持行为主义心理学的观点，认为错误是刺激行为反应中的一种行为偏差，必须通过新的刺激来对正确的形式加以强化，应该有错必纠。因此，外语教师根据教学大纲和考纲要求，在语音、语言点和句型教学上竭尽所能，非常谨慎，不愿放过学生的丁点儿错误，企图追求最完美的效果，其动机可敬，但事倍功半。因为，他们在改错的过程中，一方面，在很多时候挫伤了学生的积极性，使学生觉得自己很差；另一方面，在无意中让学生记住了错误的表达法，而很少使学生接受改正了的正确表达。例如，在批改作文时，教师如果过于认真地把作文批得满篇通红，那么学生肯定会垂头丧气，觉得自己不可救药了，而不会去仔细分析自己的错误所在。

其实，学习语言的目的在于表达，以及与人沟通和交流，双方能够互相理解也就达到了目的；至于一些表达错误，只要不造成较大的理解困难，往往会被忽略。学习者是灵活的、有判断能力的决策者。我们可以认为，这些错误是学习者为了习得语言而使用的一种不断调整目标和达到目标的学习策略，一种用来检验自己所学知识的语言假设。在不断地犯错误与改正错误中，学习者的表达能力不断增强、语言水平不断提高。语言学习只有在符合学习者的现有水平，在学习者理解的基础上再增加一些新内容，才能达到心理学家维果茨基（Lel Vggotsky）提出的最近发展区和斯蒂芬·克拉申（Stephen D. Krashen）提出的下一个“i+1”语言发展阶段（这里的“i”是指当前语言知识状态，“1”是指当前语言知识与下一阶段语言知识之间的差距）。在教学中教师还要考虑学生的心理因素，如学习动机、自信心和情绪等，这样更有利于在我国外语环境欠缺的情况下增强学生的语用意识，促进学生用外语表达的流利程度，使学生通过在不自觉的语用过程中达到熟练使用，形成对言语的感悟，从而提高学生的英语水平，减少错误。

当然，教师也不能纵容错误。如果英语教师无视语法错误，而主要依据内容打分，那有些学生在得了“A”后，就会以为自己的英语很不错，以后就不会多注意语言的准确性了。因此，英语教师还是要针对错误类型对严重的错误提供适时恰当的反馈。

2. 语言熟练掌握，“知识够用”是标准

外语学习者学习外语的目的多种多样，因此，其语言掌握的标准就不应该完全一样。有些学习者可以用高标准来衡量和要求，有的学习者就不一定。我国大学英语衡量掌握的标准是大学英语四级和六级考试，这是一种语言能力测试。但是，语言是为了满足人类社会交际的需要而产生的，语言学习的最终目的是交际。强调交际不是对“语言能力”的否定。“交际能力”涉及语言知识、认知能力、文化知识、文体知识等。语言能力的培养与交际能力的培养不可分割，语言能力的培养是交际能力培养的基础，交际能力是语言能力培养的目的。如果学习者在掌握了语言的基本结构和语言规则后，能够得体地使用语言把自己的思想自然流畅、准确无误地表达出来，那么这样就应该算是“掌握”了。所以，衡量语言熟练掌握的标准应该是学习者的知识是否“派上用场”，是否“能够用上”，至于学习者能不能翻译莎士比亚、乔叟的作品或荷马史诗则不必强求。

“知识够用”主要表现在词汇的使用和搭配上。全国大学英语四级和六级考试大纲要求的词汇量很大，学生往往记住了很多词汇，却仍然表现出不够用，在听、说、读、写英语时常常是捉襟见肘。为什么？原因在于学生没有完全消化吸收和活用所学词汇。关于词汇量是多更好，还是少一些但是精更好，事实上，据新加坡一位学者统计，老舍的《骆驼祥子》一共 107 360 字，只用了 2 413 个单个汉字，而英语常用词汇也不过 2 000 个左右，我国高中学生毕业时英语词汇量就可以达到 1 800 个左右。《朗文当代英语辞典》收集了 8 万多条单词和短语，但其释义所用词汇为朗文公司语料库精选的最常用的 2 000 个英语单词，而且释义精确、细致、易懂。可见，“知识够用”需要有一定的词汇量，但关键在于灵活运用。现在许多学生的英语水平“像七八十度的热水”未能“沸腾”的主要原因不是完全因为他们的单词总量少，而是单词总量与其表达应用能力不能成正比，不会经常使用常用词汇。常用词汇的熟练程度与外语表达能力呈正相关，如果中国学生在多年的英语课堂上能够翻来覆去地学习运用 2 000 个左右的常用词语或相关句型，就不至于在大学毕业时还张不开嘴、写不顺手。因此，英语教师不宜单纯追求词汇量，而应把常用词汇及其搭配视为教学重点。如果学生能够活用基本词汇，那么前面提到的错误现象就一定会大大减少。

“知识够用”还要坚持“以我为主”的思路。教师要鼓励学生以“我”要表达的内容为线索去寻求英语表达方式，而不只是泛泛地到英语原文的海洋里先游泳后捞针。这是因为大多数人不可能在事实上做到“读书破万卷，下笔如有神”，而必须讲究英语学习的时间效率。

具体地说，大学英语学习的最高时间效率是指学生所花的学习时间最少、学习内容最多、学习负担最轻、成本最低和学习成绩最高。如果学生能够坚持“以我为主”的思路，那么学生在寻求表达方式时，就会更多地关注语言的正确表达，自觉纠正原来的错误语言。

3. 言语能力形成“自我纠错意识”和“文法意识”是通途

语言与言语不同。语言是指某语言集团所共有的抽象的语言材料和规划；而言语是指个体根据所掌握的语言知识理解和产生语言的行为。我们可以用语言能力和言语行为来区别语言（language）和言语（speech），它们是理论与实际、宏观与微观、抽象概念与具体行为的关系。大学生学习英语不仅要获得一套语言规则，还要获得一种言语能力。对于言语能力的形成，“自我纠错意识”和“文法意识”非常重要。这是外语学习者自觉提高水平的关键，如果学生没有自我增强意识，那么教师再怎么纠错也枉费心机。毕竟在很大程度上，外语是“学”出来的，而不是“教”出来的。

根据邵德龙（Chaudron）的研究，大多数学习者希望自己的错误能得到纠正。从长远的角度来看，教师对学习者错误的纠正能大大促进学习者外语学习的进程。但是，教师纠错是一个很敏感的问题，处理是否得当将直接影响教学效果和学生的学习积极性。笔者认为，教师对待学生的错误既不能过于机械，有错必纠；也不能过于宽容，放任自流；而是要在平时多注意收集、归类和分析学生的错误语料，适时提供两种恰当的反馈：一是让学生接触正确的用法，使其自觉改正错误，如让学生自己寻求表达方式，这有助于培养学生的“自我纠错意识”；二是直接指出错误所在并予以纠正，这要依错误类型而定，如果是不经意产生或者不太影响理解的错误则没有必要纠正，这有助于培养学生的“文法意识”。

人的大脑在吸收了新的信息后，原有的知识系统必然会发生重组（restructuring）。学习外语与学习其他任何知识一样，整个过程是一个吸收信息并对原有知识进行重组的过程。词义、句法规则和语用知识的重组，无一不在影响学习者整个外语知识系统的发展和完善。在重组过程中，某种知识会发展成为一种技巧（technique），又会逐渐成为一种常规（routine）。通过实践（practice），技巧和常规会成为一种自动的（automatic）过程，成为一种能力。学习者有了较强的自我纠错意识和文法意识，就可以多方面地发展这种能力。教师的任务是寻求和设计一些有效的培养学生自我纠错意识和文法意识的途径和方法，通过一些有意义的实践活动，使学生感受到语言规则的作用，并逐步掌握和运用这些规则，发展自己的言语能力。

二、基于惯用语误译的翻译教学理念

我们收集到学生对一些惯用语的误译，它们反映了中国学生学习英语的一些特点，尤其是思维方式的问题，很值得探讨和研究。从翻译的表面上看，它们似乎都没有错，而且很通顺流畅，既符合汉语思维又忠实于原文表达，可谓“信、达、雅”。但是，经过分析，却发现它们全都是误译。怎么看待这种现象？它们到底值得肯定还是否定？又在多大程度上值得肯定或否定？这种研究到底有多大的价值？事实上，英语惯用语是英语学习中最难的部分，任何语言除了标准化的东西以外，不容易学、容易造成理解困惑的东西就是惯用语。正如长沙人说的“宝里宝气”，外国人就永远理解不了。所以，从英语惯用语的误译看中国学生的英语学习和翻译教学再适合不过了。

（一）误译现象及原因

1. 直译其字，忽略其喻

有些英语惯用语表达的真正含义是其喻义或引申义，如果只将其字面意义直译出来，就可能产生误译。

2. 字面貌合，实则神离

有些英语惯用语在字面上与汉语表达相似，在意义上却与汉语表达貌合神离，如果不求甚解，就会出错。

3. 重视理所当然，忽略固定搭配

许多英语惯用表达中包含着固定搭配，如不认清这些特殊句型所表达的意义，极易出现误译。

4. 重视既定语义，忽略特定语境

一些英语表达在特定的语境中，尤其在口语中，有特定的含义，翻译这些表达时，应该将其包含的语气译出。

（二）误译不可避免

从上面两种不同的翻译来看，所谓的误译也不是完全没有道理，它也有它存在的必然性。

首先，从语言的共同性及语言与思维的关系看。语言是人类特有的一种用来交流思想的符号系统，尽管它具有任意性，但并非完全没有规则制约。语言的发展正是人类对客观世界的感受和认识不断加深的反映，不管是母语还是外语，都必然要反映人类生存的物质世界及人类共同的感性经验，这些反映存在一些共同的“核心”规则，导致出现一些语言的共同现象，这就是语言的共同性，或者说是普遍语法。例如，某些拟声词的相似性就证明了人类共同的感性经验导致了某些语言的共同现象。格林伯格（Greenberg）研究发现各种语言的否定式一般比肯定式复杂，他还把世界上的语言分为宾语在动词之前（占总语言数的 44%）和动词在宾语之前（占总语言数的 35%）两大类。这表明每种语言在某种程度上的某些方面与其他语言具有合乎逻辑的共性。随着语言科学的发展，各种语言之间被揭示出来的共同点也越来越多。

从心理语言学来看，思维属于人类意识活动的范畴，语言是思维的物质外壳，思维对语言起着重要作用。比较简单的道理是，个体感觉到的东西必然会在语言上反映出来；思维的复杂导致了表达方式的复杂。但是，不同的民族有其独特的社会文化背景和语言环境，客观的社会环境必然会对人的思维能力和发展产生重要影响，这使得他们的思维方式有所不同，他们运用语言来体现和组织生活经验的语言编码机制也有所不同。对大多数外语学习者来说，语言学习的对象变了，但促使其思维产生和发展的母语环境和文化背景并没有改变，因而无论是用母语（如英译汉）还是用外语（如汉译英）来表达思维成果，必然会留下母语思维的痕迹。这在英语惯用语的翻译中表现得尤为突出。误译现象导致从汉语思维角度看翻译符合英语语言逻辑，但是不符合具有独特的社会文化和语言环境的英语思维。

其次，从语言迁移来看，母语对外语习得的影响一直是语言学界一个颇有争议的问题，一个核心的方面就是母语迁移。所谓母语迁移，即在外语习得中所表现出来的母语的影响，这种现象被称为“语言迁移”。最初由罗伯特·拉多博士（Dr. Robert Lado）提出的这一概念与行为主义相联系，成为“对比分析”假设论的基础。母语迁移对外语习得的影响有好有坏，但人们注意更多的是母语知识的迁移对外语学习的负面影响，甚至过分夸大母语策略导致的负迁移。就只符合英语语言逻辑不符合英语思维的误译而言，有人认为就是受母语负迁移的影响。

但是，也有不少人认为母语对外语学习有促进作用。按照罗德·埃利斯（Rod Ellis）的观点，母语作为一种已经获得的极为稳定的知识和习惯，当它和目的语类似的时候，学习者在这些“普遍”的方面可以学得更快，这样母语可以加快目的语的学习进程。科德（Corder）和斯蒂芬·克拉申把母语看成是一种学习策略，肯定了其在外语习得中的积极作用。麦克劳克林（McLaughlin）和泰勒（Taylor）从认知的角度肯定了母语策略，认为母语的使用是一种普遍存在的心理过程，即运用以前的知识来学习新知识。沃德（Wode）从认知学理论的角度做了如下解释：迁移不是一种机械的现象，而是必要的发展阶段，具有建设性和系统性，与学习者的主观判断选择相关。这意味着学习者在摆脱母语的影响之前，首先得利用母语，此种利用具有积极作用。其实，有些误译现象也不能完全予以否定。就中国学生而言，在一定的语言程度上，误译也反映了译者一定的英语和汉语语言基本功，否则译文会更可笑和不可思议。这恰好证明母语思维对于外语习得不是完全没有意义的。

（三）对翻译教学的启示

既然不同的语言之间有共性，那么已经掌握了母语系统知识的外语学习者在翻译时会不可避免地借用母语规则，我们也应积极促进母语的正向迁移效应。但是，长期以来，我国对母语负效应的重视程度远远大于它的正效应，甚至忽略了正效应的存在。鉴于我国目前外语学习常常是在正式场合（学校）进行，外语学习者在课堂以外很少接触外语，外语技能、思维习惯没有得到时间、空间和条件上的充分保证，而母语又无时无刻不在外语学习者的思想和言行中执行着交际职能，因此在外语的“教”与“学”中，母语如何与目的语这个“外来户”成为朋友，是外语“教”与“学”成效大小的关键之一。忽视或无视这一关键，外语的“教”与“学”都不可能取得好的效果。

1. 母语正效应

关于母语正效应具体表现在哪些方面，至今还没有系统的答案。笔者认为至少有如下三个方面：

（1）在认知层面上，表现在学习者对目的语言的理解过程中。学习语言的目的就在于理解语言所要传达的信息；否则，这种学习便没有意义。而理解外语的基础正是来自母语知识、技能和经验，它可以帮助学习者更有效地习得目的语。

（2）在交际层面上，表现在学习者对交际策略的使用中。塔隆（Tarone）把交际策略分为五类：转述、借用、回避、求助、模仿与手势语，尤其是前两类，都要借用母语知识来组织语句和表达思想，这也是语言正迁移的一个功能，它使学习者与他人的思想交流成为可能。

（3）在学习方法上，表现在各语言间的相互影响中。从学习方法和技能的迁移来讲，它不仅存在于各学科的学习中，也体现在各语言间的相互影响中。我们对母语的掌握是无意习得与有意学习相结合的产物。不管是有意还是无意，每个人都会形成一套自己的学习方法和技巧，如果能正确引导，将它们应用到目的语的学习中，则也会促使正迁移发生。

2. 减少负迁移

探讨在翻译教学中如何促使母语对外语学习产生最大值的正迁移，减少负迁移，应该从以下几个方面努力：

（1）对比学习目的语和母语，培养学生的目的语文化思维模式。既然母语影响在所难免，那么，在以英语为目的语的教学中，教师就应该充分进行两种语言的对比分析，让学生从对比中了解汉语和英语两种语言从微观到宏观结构的共同性和差异性，使学生明白造成错误的原因，逐步克服汉语思维的负面影响，从而学着用英语文化模式进行思维。

（2）反复结合目的语与母语，内化语言信息，实现不自觉输出。学习者初次碰到目的语生词时，不会完全理解它的意义。神经语言学认为，对于学习者的大脑神经而言，生词只是第一信号刺激，没有起到第二信号刺激的作用。随着这个词与母语的多次反复结合，学习者才可以形成反映客观本质的概念。因此，学习者只有使目的语与母语多次对应、结合起来，获得对目的语的语感，才能最大限度地实现从自觉的输出升华为不自觉的输出。

（3）提供相关的背景知识帮助理解，促使正迁移的发生。冯忠良指出，定式可以促进迁移，也可以阻碍迁移，如果后面学的知识与前面学的知识属于同类课题，定式就会起促进作用。① 因此，教师在补充中文材料时，必须注意要与英文材料的内容、题材或者体裁相一致，这将有助于学生增长相关的背景知识，形成一定的心理定式，促成知识技能的互相迁移。

实际上，重视母语负迁移者强调的是苦练外语，形成内功；肯定母语正迁移者强调的是外在辅助作用，形成外功。前者与中国文化强调修炼“内功”，学习所谓“正宗”的传统有关。事实上，大多数人苦学十年未成器，觉得自己并无练好“内功”的内在素质，还不如让他们学好“外功”，或许这还能从心理上减少学生对外语的排斥感，也是一条提高翻译水平的捷径。因此，如何在翻译教学中调整母语正迁移和负迁移之间的关系，着眼“中庸”或让学生“内外兼备”是很有意义的思考。

① 冯忠良 . 学习心理学 [M]. 北京：教育科学出版社，1981.

第三节 新语言理论的应用

二十世纪六七十年代以来，国内外英语语言研究蔚然成风，研究成果层出不穷，许多传统的语言分析方法受到了质疑或得到了更科学的解释，许多新的理论和研究方法代替了传统的理论和研究方法，语言研究变得更科学、更合理、更贴近语言实际。更重要的是，许多英语语言理论有着非常重要的教学论意义。

我们经常会发现这种情况，利用传统的方法分析某种语言现象有时会显得非常牵强附会，甚至难以自圆其说。但是，如果用新的语言研究成果来解释某种语言现象却会觉得言之有理，能够恰如其分地反映这种语言现象的本质，学生也更容易理解和接受。链接动词理论、双重谓语理论、复合连词理论、有标记主位理论是新出现的几种英语语言理论。它们是传统英语语言理论的继承、发展和创新，对理解和解释越来越丰富的新的语言现象很有帮助，对改进英语教学、提高英语教学质量大有裨益，非常值得我们去研究。

一、链接动词理论

链接动词是夸克（Chapter）等人在 *A Comprehensive Grammar of the English Language*《英语综合语法》中提出的一个新的语法术语，是一项新的语言研究成果。这项研究成果使我们长期难以圆满解释的句子变得很容易解释。例如，有这样一个英语句子：He seems to know the answer.（他似乎知道答案）该句中的动词不定式做什么成分？它不可能是表语，也不可能是主语补足语。因为它与“He seems clever.（他似乎很聪明。）”和“He is thought to know the answer.（人们认为他知道答案。）”不同，在这两个句子中 clever 是表语，to know the answer 是主语补足语。夸克等人链接动词的理论为我们解决了这个难题。根据该理论，原句中的 seems to 是链接动词，seems to know 是链接动词结构，是一个不可分割的整体，在句子中做谓语。这样原来的句子就非常简单了：He 是主语，seems to know 是谓语，the answer 是 seems to know 的宾语。这种分析科学、合理，揭示了语言的实质。在教学中，如果教师用这种方法进行分析，那么学生就很容易理解和掌握，教学效果大不相同。

夸克等人把 happen to（碰巧）、appear to（似乎）、seem to（似乎）、manage to（设法）、tend to（倾向于）、chance to（正巧）、come to（涉及）、get to（开始）、fail to（未能）、turn out to（结果是）等都称为链接动词，包含这些链接动词的句子的分析方法与上面句子的分析方法相同。

二、双重谓语理论

在传统英语语法中，双重谓语被归入复合谓语，但这种分析方法太笼统，会让学生感到迷惑，更主要的是复合谓语这种说法不能说明这种语言现象的特征。

现代英语语言研究把“不及物动词 + 形容词（或作用相当于形容词的词）”或“不及物动词 + 名词”结构称为双重谓语结构。英语教师运用双重谓语理论进行教学，解释有关语言现象，能够使句子意思明确、令人印象深刻，便于学习者记忆，同时这种分析方法更科学、更合理。

三、复合连词理论

英语介词后一般不能接 that 引导的宾语从句，但根据传统语法，少数介词，如 except（除了）、but（但是）、in（在里面）等可以接 that 引导的宾语从句。当然，传统语法的这种分析并非不可，但总感到有些牵强。问题一，既然介词后不能接 that 引导的宾语从句，为什么这些介词例外？问题二，如此分析有时使句子的意思不容易理解。随着夸克等人的语法著作中复合连词理论的提出，这个问题便迎刃而解了。夸克等人把 except that、but that、in that 等看作是不可分割的复合连词，引导状语从句。except that 和 but that 引导的是排除状语从句，in that 引导的是原因状语从句。这种理论为我们正确理解此类句子和正确解释这种语言现象提供了依据，为英语教学提供了极大的方便。

四、有标记主位理论

新语言理论指出，一个英语句子可以被切分为主位（theme）和述位（rheme）两个部分。句子的前面部分为主位，紧接着主位的部分为述位。主位传达的是已知信息，述位传达的是新信息。在一般情况下，句子的主语和主位重叠。

第七章　词汇与语法教学策略研究

第一节　对词汇教学的理解

一、词汇的作用

词汇犹如高楼大厦之砖瓦，是组成语言最基本的材料，没有词汇也就没有语言。人类的思维活动是借助词汇进行的，人类的思想交流也是通过由词构成的句子来实现的。英国著名语言学家威尔金斯（D.A.Wilkins）在 *Linguistics in Langungv Teaching*《语言学在语言教学中的作用》中曾指出："没有语音和语法，人们不能表达很多东西，而没有词汇，人们则无法表达任何东西。"由此可见，词汇是发展语言技能的重要基础。学习者要想学好英语，掌握相当的词汇量是前提，词汇量的大小和正确运用词汇的程度是衡量一个人语言水平的重要标准之一。如果词汇贫乏、词义含混，也就无法顺利地进行听、说、读、写、译，就无法进行英语交流。新课标提出高中英语课程要特别着重培养学生用英语获取信息、处理信息、分析问题和解决问题的能力，以及运用英语进行思维表达的能力。这些语言能力的培养离开了词汇也就成了"无源之水"。因此，学习者要学好英语，词汇是基础，也是关键。

二、词汇教学的意义

词汇教学是语言教学的基础之一，在整个语言教学过程中起着举足轻重的作用。词汇能力不足将严重影响学生的阅读水平、交际能力、写作表达、听力理解和其他技能。词汇学习绝不是简单的死记硬背，有效的词汇学习包含各种学习策略，尤其是记忆策略。因此，在英语教学中，英语教师积极探索有效的词汇教学方法和词汇记忆策略，对于减轻学生负担和提高词汇学习质量都具有重要的现实意义。教师作为教学活动的主导，应当有效地指导学生的词汇学习，特别是要利用好课堂这一主要阵地，加强对学生词汇学习方法的指导和策略的训练，切实培养学生可持续发展的词汇学习能力。

然而，在平时的教学实践和观察中，我们发现，在应试教育的指挥棒下，为了让学生在考试时取得高分，有些教师只注重语法、句型、阅读能力的教学及各种应试技巧的训练，而花在词汇教学上的时间越来越少，词汇教学的重要地位没能得到充分体现，由此影响了学生的学习兴趣和学习效果。不少学生对于单词念不出、易拼错、遗忘快，在听力测试时因词汇障碍而听不明白，在阅读时因遇到太多生词而无计可施，在做情景对话题时因词汇的贫乏而说不出什么，在写作文时因脑海中“蹦”不出准确的词汇而无法表达自我，从而对英语学习失去了信心，甚至怀有恐惧心理。教师如果能加强词汇教学，给学生以正确的引导，那么学生的学习状态肯定会大有改观。如何有效地进行词汇教学？如何在词汇教学中培养学生的思维能力，使学生主动、自觉、有效地记忆单词？这些是每个教师都应该认真思考的问题。

三、词汇的含义

词汇学习贯穿整个外语学习过程。英语虽然是一种拼音文字，看起来似乎不难，但由字母排列组合起来的单词却有数十万个，体现出词汇多、词义抽象、惯用词组复杂的特点。对中国学生来说，英语是第二语言，面对浩如烟海的英语词汇真不知道先学什么词、从什么时候开始学、怎样学，也不知道词汇学习何时是个尽头。如何有效地学习词汇是教师和学生面临的共同问题。要解决这一问题，首先要弄清楚：怎样算是学会了一个词语呢？学习者会关注该词的语音、语调、词义、用法，可有时候一个单词的形式和意思比想象中要复杂得多，也无法找出恰当的中文意思与之对应。其实，词汇并不是孤立存在的，学习一个单词不仅仅指学习该词本身。词汇学习至少要弄明白两方面的意思：一方面，要理解该词的本义和转义；另一方面，要理解该词与其他词之间的意义关系，如搭配、同义、反义、上下义关系等。

（一）本义（denotation）

词汇的本义是指一个词形成时人们所赋予它的含义或者说它所指的事物，又称为“指示意义”“词典意义”“所指意义”“中心意义”“外延意义”等。

作为人们语言交流的基础，词汇的本义基本保持不变。因此，词的本义相对比较容易掌握，如 house 指的是“房子”。但也有一部分英语词的本义与中文概念无法对等，如英语中父母的兄弟都可以用 uncle 来称呼，但汉语对这一称呼有严格的区分，如“伯伯”“叔叔”“舅舅”“姑父”“姨父”等，在这种情况下，新的概念必须充实到词汇中去。

（二）转义（connotation）

词汇的转义是指一个词的内涵意义或隐含意义。《辞海（第 6 版）》对“转义”的释义是：一个词由其本义中派生出来的意义，包括引申义和比喻义两类。绝大多数的英语词汇除本义之外，都或多或少地存在转义，甚至其转义的含义超过了本义。

《新英汉词典》对“tiptoe”的词性就提供了四种，含义也有多个：①做名词（脚趾）；②做副词（踮着脚）；③做形容词（踮着脚走或站的、小心翼翼的、偷偷摸摸的、兴奋的、得意扬扬的、急切的、期待的）；④做不及物动词（踮起脚、蹑手蹑脚地）等。

又如，storm 作为名词的本义是“暴风雨”，其本义不论出现在怎样的上下文中，其意义均固定不变。

词汇的转义具有灵活性、不确定性、情感性和开放性。学生对于英语教学中词的内涵意义需要通过特定语境加以理解。另外，文化背景在帮助学生理解词的内涵意义时起着重要作用，如 dog(狗)，在汉语里往往含有贬义，人们通常对狗有种厌恶的心理；在西方人眼里，狗是友好、可爱、忠诚的动物。这种文化差异自然也在各自的语言中反映出来。汉语中的“走狗”“狗东西”等词义属贬义；而英语词汇中的 lucky dog(幸运的人)、big dog(要人、保镖)、top dog(优胜者、胜利的一方) 则属褒义。

（三）搭配（collocation）

词语搭配是指英语中经常使用、表达完整意义、结构定型的组合词或短语。词汇搭配描述了经常一起出现的词与词之间的关系。如英语中 See、watch、look 意思相近，但各自有固定的搭配，“看电影”是 see a movie，“看电视”是 watch TV，“看图片”是 look at a picture。同样，我们可以说 heavy traffic(交通拥挤)、heavy smoker(烟瘾很大的人)、heavy rain(大雨)、heavy snow(大雪)、heavy fog(大雾)，但不可以说 heavy accident 或 heavy wind。

实践证明，教授词汇搭配要比教授单个词汇效果好，所有流畅、正确的语言使用都离不开搭配知识。

英语词汇具有很强的搭配能力，学习者利用正确的词汇搭配，可以扩大词汇量、掌握词汇的正确用法，从而完整地反映客观世界、表达主体思想，达到成功交际的目的。教师在教授词汇时，必须引导和帮助学生正确地掌握词汇搭配的方法，提高词汇教学质量。

（四）同义词（synonym）

同义词是指意义相同或相近的一组词，分为等义词和近义词两类。意义上完全相同的称为“等义词”或“完全同义词”，这类词是比较少的，一般是给同一种物体或者同一情况所起的不同名称罢了，如 taro(芋头) 和 dasheen(芋头)，milksugar(奶昔) 和 lactose(乳糖)；意义上不完全相同的称为“近义词”或“不完全同义词”，如 large(大的) 与 big(大的)、huge(巨大的) 等。

英语的同义词极为丰富，这一方面使得英语的表达更加精确、细微，另一方面也给英语学习者带来了困难。虽说它们的意义相近，但侧重点不一样，以“笑”的一组同义词为例，laugh(笑)、smile(微笑)、grin(嘴笑)、chuckle(暗笑)、giggle(痴笑)、chortle(哈哈大笑)、titter(傻笑)、snigger(嬉皮笑脸的笑)、guffaw(哄笑)、cackle(咯咯地笑)、roar(狂笑)，各自在笑的方式、音量、程度、内涵、感染力及表达的心情等方面都是有差别的。在实际应用中只有选择好同义词，才能对语言的表达起到积极的作用。

（五）反义词（antonym）

反义词是指意义上相反或相对的一组词，如 rich(富有的) 与 poor(贫穷的)、love(爱) 与 hate(憎恨)。反义词在性质、状态、行为、时间、地点、条件等诸多方面都存在相反或相对的矛盾统一关系。反义词的分类是基于语境的，一个词如果有很多词义的话，就可以有多个反义词。

研究反义词对学习者掌握词义是很重要的，学习者往往通过寻找和判断某词的反义词，从而对该词的词义有比较准确且深刻的理解，才能感受到语言的魅力。

例如，把反义词放在一起用，使两个词相得益彰，可产生强烈对比、形象鲜明的效果，如 more haste，lesss speed（欲速则不达）；united we stand，divided we fall（团结则存，分裂则亡），等等。反义词连用则是历代文学家喜欢的修辞法。

英语词汇丰富多彩，富有表现力。选择恰到好处的同义词或反义词不仅能使语言增添光彩，而且会达到意想不到的效果。辨别与运用这些词汇在词义、用法或修辞色彩上的异同，对于增强语感、提高英语的驾驭能力都有不可忽视的重要性。

（六）下义词（hyponym）

英语中有些词在意义、性质、特征、类别等方面属于另一个表示较大范畴的词，如 head（头）、mouth（嘴）、eyes（眼）、legs（腿）都包含在 bodypart（身体部位）之内，rose（玫瑰）、tulip（郁金香）、peachblossom（桃花）、carnation（康乃馨）都包括在 flower（花）之内，这些词就称为“下义词”，bodypart 和 flower 则称为“上义词”。head、rose 等特指词项与 bodypart、flower 等泛指词项之间的关系，称为“下义关系”（hyponymy）。再举些例子，fruit（水果）的下义词有 apple（苹果）、pear（梨）、banana（香蕉）等；animal（动物）的下义词有 dog（狗）、cat（猫）、rabbit（兔子）等。

在不同时候分别使用上义词来概括和用下义词来具体说明，可以使表达更加符合情景的需要。

理解上义词与下义词的关系对于语言学习是很有用处的，学习者通过上义词及其下义词来归纳、整理学过和没有学过的词汇，可以收到触类旁通的效果，是扩大词汇量的一种有效方法。

（七）接受性（receptive）词汇和表达性（productive）词汇

从学习和使用词语的角度看，词汇可分为接受性词汇和表达性词汇。接受性词汇又名消极（passive）词汇，是指个体能够听懂或看懂，但无法流利地说或写的那些词汇；表达性词汇又名积极（active）词汇，是指个体在英语实际使用过程中能够运用的词汇。学习者对这类词汇不但能够听懂、看懂，而且想说就能说出来、想写就能写出来。积极词汇和消极词汇之间是可以相互转化的。如果一个消极词汇被接触的次数很多，就会转变成积极词汇；如果一个积极词汇长期不被接触，慢慢可能就会退化成消极词汇。英语教师要采取多种方式引导学生在说和写中积极、主动地使用表达性（积极）词汇。

第二节 词汇教学策略

一、呈现词汇的方法

不同的教师呈现词汇的方法各不相同，教师应根据词汇特点以及学生的年龄和水平，在具体教学过程中选择合适的呈现词汇的方法。下面介绍几种比较有效的词汇呈现策略：

（一）用实物、图片、录像片段等生动、形象的直观事物呈现词汇。

例如，教师在教文具类单词 pen（笔）、book（书）、pencil（铅笔）、eraser（橡皮擦）或水果类单词 apple（苹果）、banana（香蕉）等的时候，可以把实物一一呈现在学生面前，让他们边看边说，眼睛看到实物后就有助于记忆。图片的使用可以让学生对一些难以想象的东西进行直观理解，达到语言交际的效果。例如，在教授动物类单词时，教师可以先把图片贴在黑板上，再在旁边写上相应的单词。这样，学生的注意力就大大提高了，学起来也比较轻松。此外，随着现代教育技术的发展，录像、投影、课件等多媒体设备的使用给学生提供了视听新感受，可以帮助他们形成良好的语音、语调。课件的使用可将画面由静变动，加深学生对语言的理解和情景的把握。总之，这些形象化的事物很能激发学生的兴趣，使他们的注意力高度集中在单词上，也便于他们理解词义，从而提高学习效率。

（二）用肢体语言和表情“呈现”词汇

教师可通过动作、表情、声音等“呈现”单词，表达单词的意思，如 go（去）、come（来）、run（跑）、small（小的）、large（大的）、cry（哭）、smile（微笑）、laugh（笑）、sneeze（打喷嚏）等。教师的一举一动都能轻易地吸引学生的注意力，形象幽默的肢体语言和丰富直观的面部表情可以使枯燥的词汇教学事半功倍。学生开始时会通过模仿老师的动作和读音学习单词，进而教师自由发挥动作，用自己的方式向老师和同学表达单词的意思。例如，在教授 taste（味道）和 tasty（美味的）这两个单词时，教师可以用粉笔盒做教具，做喝汤状，“喝”完后微笑，感叹道：“Oh，I am tasting the soup. It’s tasty!（噢，我正在喝汤。它真是太美味了！）”学生也会纷纷用他们的铅笔盒仿效并练习这两句话。这两个单词很快就被记住并被运用。如果太拘谨则表达不出意思，如果太过夸张则会弄巧成拙，都达不到教学的效果。总的来说，肢体语言呈现法是个很有趣且很有效的教学方法，可以广泛地应用于英语教学当中。

（三）在语境中呈现词汇

所谓语境指的是上下文，即词、短语、语句或篇章及其前后关系。由于社会文化环境和地理环境的差异，不同文化历史背景下的人们所形成的思维方式各有不同，反映到语言中，同一词汇在不同的语境中会有不同的意义。例如，“water”一词，字面意思为“水”，但在不同的语境下"Water！"可以表示"我渴，能给我点儿水吗？"之类的请求，可以表示"当心，地上有水！"之类的提醒，也可以表示"洪水来啦！"之类的惊叹。"white"可以表达"白色"，也可以传达"纯洁""信任"等含义。"fox"可以指"狐狸"这种动物，也可以表示"狡猾"。因此，通过上下文展示词汇非常重要。

（四）在情景中呈现词汇

词汇教学可以在具体的实际生活情景、模拟交际情景、直观教具情景，以及想象情景中进行。实践表明，在英语学习中，利用某种具体环境有助于学习者记忆与此相关的某些内容。教师在具体情景中讲解单词，可以引发学生的兴趣，使他们容易记住所学的东西，还有助于学生把所学单词在交际中恰当地使用。这体现了英语教学的主要目的——培养学生运用英语进行交际的能力。

例如，在教授有关节日的单词前，教师可以花点儿心思做个多媒体课件，在课件中可以插入许多漂亮的图片和动听的音乐，同时把教室精心装饰一番。在歌曲的动人旋律下和贴满节日照片的教室中，学生们开始学习关于节日的词汇。学生在这样的情景中能充分进入角色并感受到节日的气氛，从而依靠这个情景掌握有关节日的词汇，且可以使他们的学习兴趣得到提高。教师要善于创造合理、有效的情景将词汇教学融入其中，并注意正确处理传授词汇知识与培养学生运用词汇进行交际的能力之间的关系，把词汇教学贯穿于实际的或模拟的听、说、读、写等交际活动中，把课堂当成实践场所。

（五）用同义词或反义词来呈现词汇意义

英语中的同义词有很多，如 pencil box 和 pencil case（文具盒）、cab 和 taxi（出租车）、bike 和 bicycle（自行车）、telephone 和 phone（电话）等。当然，很多同义词也是相对的，例如 nice（美好的）在不同的上下文中，它的同义词可能是 pleasant、kind、fine。根据这个特点，我们不能孤立地看词的同义词，而应把它放在句子中来看是不是同义词。在英语中，反义词则随处可见，如 clean（干净的）和 dirty（肮脏的）、wet（潮湿的）和 dry（干的）、first（首先）和 last（最后）、go（去）和 come（来）、put on（穿上）和 take off（拿掉）等。学过 big 以后，当学到 small 时，教师可以指出 Small means not big（小意味着不大），这样学生就很容易理解 small 的意思了。在日常的教与学过程中，要经常按同义词或反义词来归类，同时要注意同义词和反义词在用法上的不同，如 much 和 many 都表示"多"的意思，little 和 few 都表示"少"的意思，但它们的词法特性不同。much 和 little 用来修饰不可数名词，many 和 few 用来修饰可数名词，不能互换使用。实践证明，利用同义词或反义词来呈现词汇意义能大大降低遗忘率。

（六）用上下义关系来呈现词汇

例如，教师在教上义词 vehicle（交通工具）时，可以指出它的一些下义词，如 Cars、buses、trains and bicycles are vehicles.（汽车、公共汽车、火车和自行车都是交通工具。）这样，学生对词与词之间的关系就比较明确，对 vehicle 一词也能轻松掌握。在日常教学活动中，教师可以经常让学生进行词语归类，如 fruit(水果)、vegetable(蔬菜)、furniture(家具)、clothes(衣服)、animals(动物)、colors(颜色)等，这样有助于学生明确词汇间的意义关系并掌握词义。

(七)用构词法及常见的词缀呈现词汇

英语词汇量庞大，但它本身也有其内在的规律可循。学生掌握基本的构词法有助于其突破记忆单词的难关。第一，利用同根词扩大词汇量。如学过 use(使用)后，经过构词分析，学生就可以推测出 useful(有用的)、useless(无用的)、user(使用者)的词义来。第二，利用分析词缀的方法。如在教 retell(复述)、rewrite(重写)时，学生已掌握了 tell(告诉)、write(写)，教师就要向学生解释前缀 re 的含义是 again(再一次)。在此基础上学生就能推测出 retell(复述)、rewrite(重写)的意思来。又如，在学生已学过 China(中国)、Japan(日本)的基础上，指出后缀 ese 的含义，学生就很容易推测出 Chinese(中国人)、Japanese(日本人)的意思来。第三，利用分析合成词的方法。如学生在学过 wait(等待)和 room(居间)的基础上，就很自然地推测出 waiting room(候诊室)、reading room(阅览室)的含义来。合成法可以帮助学生掌握诸如 classmate(同学)、classroom(教室)、football(足球运动)、volleyball(排球)、baseball(棒球)等大量单词。第四，转化法也可以帮助学生扩大词汇的使用功能，如 head(领头的)、dirty(肮脏的)、warm(温暖的)、cool(冷的)等名词、形容词均可以转化为动词使用。为此，在词汇教学中，教师要向学生介绍构词法的基本知识。

(八)用解释与举例的方法呈现词汇

英语解释法是用简单的、学生熟悉的词汇来解释新的单词，使学生利用自己原有的知识掌握新单词的听、说、读、写。例如，教师可以这样解释下列单词：① invite(邀请)—ask someone to dinner or a party(邀请某人吃饭或参加聚会)；② different(不同的)—not the same(不一样)；③ entrance(入口)—place where you go in(你要去的地方)。教师用简单的英语解释单词，不但训练了学生的听力，而且能使旧的单词反复出现，也能使学生了解了更多的词汇知识。此外，对那些意义抽象的词汇，教师除了解释还可以举例说明，这样学生能更轻松地掌握词汇的意思。

(九)利用词块呈现词汇

词块就是词与词的组合，是一个多词的单位，一般是指出现频率较高、形式和意义较固定的大于单词的结构。其结构较固定，可以做公式化的反复操练。词块呈现是指教师将词汇搭配、固定用法、词汇类别连接一起输入给学生。词块小到一个词，大到一个句子，在结构和语义上具有整体性。学生通过掌握一个词块就可以掌握较多的单词。而且，词块具有较强的语用功能，学生以词块为单位进行语言学习，可以避免语境使用不当的错误。因此，英语教学要加强词块教学，开发足够的词块资源，这样更有助于激活学生的语言表达能力。

（十）对易混淆词汇进行对比及常见错误分析

英语中有许多词形、词义相近的单词，教师在教学过程中对这些易混淆的词汇进行对比有助于学生正确使用单词。

例如，form（类型）和 from（始于）、advice（劝告）和 advise（劝告）、hard（坚固的）和 hardly（几乎不）、invent（发明）和 invite（邀请）、decide（决定）和 divide（分配）、choose（选择）和 choice（选择）等许多单词常被学生混淆，及时加以对比及常见错误分析就可以帮助学生加深对它们差别的认识，避免用错写错单词。对于常用的同义词或词组，如 divide 和 separate（分离），tell、say、speak 和 talk（说），join（参加）和 take part in（参与）等，教师应该及时帮助学生弄清楚它们之间的异同点，以便学生在实际运用中能正确使用。

以上是常见的呈现词汇的一些方法。需要指出的是，教师在实际教学过程中要灵活、综合地运用各种方式，并为学生创造各种机会练习、运用词汇，从而使学生真正掌握词汇。

二、巩固词汇的方法

对很多学生而言，巩固词汇要比学习新词难得多，教师常会听到学生抱怨学过的单词总是忘记，他们不断地学却不断地忘。这一方面是由于学生单独记忆词汇，无法保证其有效性；另一方面是教材上的词汇练习少且单一。教师应引导学生通过各种途径复习、巩固、运用新学的词汇。下面介绍几种在课堂上巩固词汇的方法：

（1）看图片猜单词。请一个学生出示图片，其他学生说出或写出单词，看谁猜得又快又准。

（2）排列字母组成单词。这种练习有助于学生准确掌握单词的拼写。

（3）用读音规则记忆单词。英语单词的读音就像汉字一样，大部分都有规则可循。正确拼读音标对持续学习英语有着重要意义。

（4）单词归类。教师准备一些不同类的单词，例如，apple（苹果）、pear（梨）、student（学生）、banana（香蕉）四个单词，请学生将不同类的那个单词找出来；或者教师给出学过的一堆单词，要求学生分类。

（5）联想的方法。教师说出一个词语，如 travelling（旅行），学生要在规定时间内写出和 travelling 相关的所有词汇，看谁写得最多。这种联想的方法可以使学生把词汇记忆置于一个大的意义环境之下，联想的组合越紧密，词汇越易于记住。

（6）找出同义词或反义词。

（7）利用构词法巩固词汇。英语词汇总量虽成千上万，但基本构词成分却是有限的。有的通过加前缀或后缀，构成派生词；有的通过单词的组合，构成合成词；有的通过读音的变化，成为新的词语；等等，这些构词法对于单词的记忆和学习很有帮助。学生学好了构词法，可以扩大词汇量，在很大程度上可以起到事半功倍的效果。例如，教师可给出一个词根“care”，请学生找出由此派生出来的词汇。

（8）用词造句巩固词汇教学。在造句之前，学生首先要弄清所学词汇的意义，研读教材和词典给出的例句，然后通过模仿例句，灵活而有规律地变化部分句子成分。记忆典型例句并辅以造句等实践训练，比单纯记忆孤立的单词的效果好得多。通过造句，学生可以明确词汇的词性和用法，更有助于记忆词汇，并且学生能够灵活运用所学词汇进行表达和交流。因此，造句是记忆、积累和掌握单词非常有效的方法。

（9）句子接龙或扩写句子。教师在词汇教学中加入适当的游戏活动，有利于营造轻松、和谐的课堂气氛，寓教于乐，达到巩固词汇学习的目的。学生进行句子接龙游戏，可以把所学单词复习一遍。扩写句子既可以进行词汇练习，也可以进行语法和句型练习。

（10）加强作文练习以巩固词汇教学。教师可以给出一个作文话题及相关词汇，要求学生运用这些词汇写作，这样，学生新学的词汇就能在运用中得以巩固。

总之，教师要根据学生的年龄特点和知识水平，灵活应用各种方法帮助学生巩固所学词汇，切实提高词汇教学的有效性。

三、培养学生的词汇学习策略

课堂的时间毕竟有限，学生还要在课外花很多时间学习词汇，因此，教师要培养学生的词汇学习策略，帮助学生在课外自主、有效地进行词汇学习。下面介绍几种词汇学习策略：

（一）定期复习

德国心理学家赫尔曼·艾滨浩斯（Hermann Ebbinghaus）的实验证明，遗忘的规律是先快后慢，个体刚记住的材料，在最初几个小时内遗忘的速度最快。如果在 4 ～ 7 天内不复习，那么记忆将受到抑制，甚至完全消失。及时、定期的复习在词汇习得中起着举足轻重的作用，因为对单词每一次的复习都会促进单词的记忆。学生应该每隔一段时间进行一下复习，而不是只进行一次长时间的复习。此外，学生要善于利用自己的词汇本和零散的时间，对自己不熟练的词汇进行随时、间隔复习，从而保证单词的习得效果。

（二）根据语境猜词

通过语境猜词就是学生根据一个词所处的具体的语言环境，运用有关线索，如同义词、反义词、举例、定义等推测词义，也可以运用逻辑推理、生活经验、普通常识等推断词义。学生在阅读过程中难免碰到生词，教师要鼓励、培养学生通过语境猜测词义的意识，而不是碰到生词就查词典。根据语境猜出来的单词会记得更牢，这是因为学生在猜测过程中要付出认知努力，这样就会形成明显的记忆痕迹，促进词汇的记忆和保存。

（三）有效地组织词汇

英语词汇量大，教师要引导学生将所学词汇按照某种规律有效地存储起来。例如，学生可以自己准备一个词汇本，按照不同的类别或话题组织词汇，而不是把所有单词都记录下来或简单地按照字母顺序记录。这种以特定方式制作的个性化词汇本更有助于词汇的巩固。

（四）使用词典

对外语学习者来说，词典是必备工具。合理、正确地使用词典有助于学生独立、自主地开展学习。一般来说，初学者宜使用英汉词典，因为它可以借助母语帮助学生迅速获得词义；有一定基础的学习者可以使用双语或英语词典，因为它能将词义阐释得更准确，并有助于学生流利地运用语言。另外，要在什么时候查阅词典呢？教师要鼓励学生在碰到生词时先通过上下文猜测词义。当无法猜出而影响理解或基本猜出为透彻弄清其发音、词义、用法的时候，学生就要使用词典。学生在使用词典时首先是浏览该词的各种含义，运用自己的判断力选择更适合本文具体应用环境的那个含义。如果可能并必要的话，学生应了解该词的词源，参考一下该词的原始含义和基本含义，这有助于学生理解该词的基本词义和各种引申意义，还可以拓宽学生的知识面，使学生从语言的侧面接触外国的政治、经济、文化、风俗民情、重要事件等。此外，学生还可以了解有关该词的其他信息，如含有这个词的短语、用法注释、同义词、反义词等，这些也有助于学生对该词有一个更全面的感觉和把握。

（五）掌握适合自己的学习方法

词汇学习的方法有很多，但并不是每种方法对每个学生都适用。学生在尝试教师介绍的多种学习方法后，要找到对自己而言最有效的方法。同时，教师要引导学生不断地对自己的词汇学习策略进行自我评价，如果发现某些方法无效则应放弃，而尝试其他方法。此外，教师要经常组织学生进行学习经验交流，以便学生取长补短、共同进步。

总之，英语词汇的教与学都有一定的方法可循。教师要引导学生确立正确的学习目标和不断克服困难的信心，并尽可能地设置多种教学活动，帮助学生掌握记忆单词的有效方法，使其在战胜困难中萌发出能力、毅力和动力。这个过程正是开发智力、塑造性格、培养意志的过程。学生在教师的正确引导下，从有兴趣而学到克服困难自觉学习，正是自主学习内驱力的深化过程，也是学生人格不断完善的过程。

第三节　对语法教学的理解

一、语法学习的必要性及其作用

学习语法的目的是“促进理解、监控输出”。所谓促进理解，是指学习者运用所学语法知识解决阅读过程中的某些疑难问题。当学习者在阅读中遇到难以理解的复杂句子时，其往往会分析句子结构、句子各部分的作用及其相互关系，以期达到理解的目的。再如，中学生感到比较困难的虚拟语气的理解，也需要相应的语法知识。语法的第二个作用是监控输出。这里的输出包括口头和书面表达。虽然外语学习者出现错误是难免的，特别是在口语输出中，但是如果其意识不到错误或忽视错误就都不利于整体语言水平的进一步提高。根据巴尔科姆（Balcom）的观点，语法教学至少在三个方面对外语教学起作用：①使输入更易理解，即使学习者接触的语言系统化；②使学习者更易于把接收的语言信息分析成可以理解的语言单位；③肯定或否定学习者对目标语所做的无意识的假设。

第二语言学习研究者、实践者都认为语法能力是交流的必要条件。大多数教师对语法教学都不够重视，导致学生在语言使用的准确性方面不如采用语言形式教学法教学的学生。许多研究都证明了教学对语法学习的积极作用。王蔷教授在他的著作中引用了辛克尔（Hinkel）和福托斯（Fotos）的论点：语法教学可以加强学习者的语言熟练程度和准确性，并且促进整个句法系统的内化。其他一些研究还表明，接受过语法教学的学生相较于没有接受过语法教学的学生，学得更快，取得的成就更高。

二、语法学习观

理解了语法学习的作用以后，我们就会知道语法的掌握不是外语学习的最终目的，而是达到目的的有效手段。学习者学习外语的最终目的不是简单地记住一些语言规则，而是将语言的形式与其意义、交际功能有机地结合起来，通过实际的语言运用内化语言规则，从而达到准确运用语言进行有效交际的目的。

程晓堂[①]认为，学习语法要注意以下几点：第一，要在理解的基础上学习。语法并不是需要死记硬背、毫无意义的条条框框，如现在分词和动名词在句子中的不同成分，很多初学者就是死记硬背下来：分词可以做定语、状语、表语；动名词可以做定语、主语、宾语、表语。其实，分词就相当于形容词，对于形容词能充当的成分，分词基本都能充当；动名词就相当于名词，对于名词能充当的成分，动名词基本也都能充当。这样也就很容易理解为什么动名词能充当主语和宾语，而分词则不能。第二，要积极主动地归纳、总结语法规则。英语学习者要善于从具体的语言现象中归纳、总结出语法规则，以字母结尾的名词的复数规则就是一个很好的例子。我们知道以字母 o 结尾的名词复数规则是有些加 s，有些加 es。而哪些加 s，哪些加 es 似乎又需要死记硬背了。其实，仔细观察后，我们可以得到以下规律：多数单词加 es，比如 heroes（英雄）、tomatoes（番茄）、potatoes（土豆）、volcanoes（火山）、torpedoes（鱼雷）等；少数单词加 s，而且加 s 的词多为较长单词的缩写，比如 photographs—photos（照片）、kilograms—kilos（千克）、hippopotamus—hippos（河马）等。而 radio（无线电广播）这个词本身就是几个单词的缩写，所以其复数也是加 s。学习者如果在学习英语的时候能够善于去观察语言现象、总结语法规则，学习者就可以大大减少死记硬背的负担。第三，要善于从错误中学习。在外语学习和外语使用中，学习者犯错误是难免的。学习者不应该因为怕犯错误，而放弃一些学习语言的机会。外语的学习恰恰是在尝试—出错—改错这样一种循环中不断得到进步和改善的。当然，学习者也不能完全不顾语法，即使在口语交际中，适度地监控语法的正确性和准确性也是有利于提高口语能

① 程晓堂. 英语教材分析与设计 [M]. 北京：外语教学与研究出版社，2002.

力的。第四，不要被语法术语困扰。程晓堂在《英语学习策略》中提到，语法可以分为理论语法、参考语法和教学语法。理论语法和参考语法都是研究语法的语言学家专业研究的，它们的术语归纳的层次高，教学语法是实用语法，也就是为其他语言知识和语言技能的学习和使用服务的语法知识。第五，注意语法在交际中的使用。根据新课标的教学理念，语法教学需要在具体的语境下进行，即教师通过创设良好的语言环境和提供大量的语言实践机会，使学生通过体验感知特定的语法规则的使用方法；学生在实践、合作、交流中学习语言，形成语感。

第四节　语法教学策略

一、三个环节语法教学

结合课堂教学过程中的三个主要环节——呈现、讲解、练习，本节介绍了一些常用的语法教学的方法。这三个环节分别对应于语法的感知阶段、理解阶段和应用阶段。

（一）呈现

有三种方法可以在呈现阶段由教师引出要学习的语法项目，它们分别是“通过对话创设情境”“动作演示法”和“利用简笔画”。

（二）讲解

归纳法、演绎法，以及归纳法与演绎法相结合的方法都可以用于讲解阶段。

（三）练习

语法教学的最终目的是提高学生的语言运用能力。所以，对教师来说，如果有效地设计语法练习这个环节，组织学生进行有效的语言操练，无疑对学生语言能力的发展具有至关重要的作用。操练可分为下列三种类型。

1. 机械操练

在这种练习中，学生的反应完全受到控制，学生不用理解意思就可以做出正确反应，如模仿、替换、重复等。这类练习的主要目的是熟悉、记住语言形式或结构。

2. 有意义操练

这种练习是指学生对反应仍有一定的控制，但学生必须理解意思才能做出正确反应，如造句、改写句子、翻译句子等。这类练习的目的是理解语言形式或结构。

3. 交际性操练

这种练习是指学生根据自己所知做出反应，但反应形式仍受控制。这种操练的控制程度比有意义操练更低，因此，它更接近人们的实际生活，有利于培养学生的语言运用能力。这类练习的目的是灵活地运用语言形式或结构。

二、语法翻译法

语法翻译法最早出现于18世纪晚期的欧洲，距今已有三百多年的历史。早期的语法翻译法过于重视语言知识的传授，而忽视了语言技能的培养；夸大了语法和母语在外语学习中的作用；教学过程比较机械，脱离语言环境。正因为如此，从19世纪末至今，语法翻译法一直遭到批判和否定。在全面推行课程改革的今天，语法翻译法仿佛就是落后、守旧的代表和化身。然而，研究表明，教学方法效果的大小不在于方法本身，而在于教师是否善用。现今的英语教学受直接法的影响，强调让学生“用英语思维”，尽量减少母语的影响，似乎学好英语的前提就是忘掉母语。然而，“用英语思维”对绝大多数中国的英语学习者来说只能是一个长期学习外语的结果，而在学习的过程中是很难做到的。学习者完全不受母语的影响，从理论上思考，还是从实践上观察，都是不可能的事情。从某种意义上说，翻译法体现了外语学习的本质，外语学习是在母语环境中，在母语教师指导下进行的学习。它的主旨在于通过目的语，在母语之间语言形式的转换，达到两种语言之间信息交流的目的。因此，在一定条件下，教师在教学过程中借助学习者的母语来讲解词汇和语法规则，可以避免在直接法、交际法中可能会出现的学习者对语言知识的一知半解。教师通过分析、展现各种语法现象可以帮助学生建构系统的语法框架，使学生更清晰、更高效地认识语言的系统性。

三、简图呈现法

语法作为语言使用的规则，本身具有一定的抽象性。因此，有些语法项目很难用语言清晰地表达出来以使学生理解。在这种情况下，教师可以使用简图、表演等手段使其形象化。

我们知道，对时间状语从句中连词的理解和选择是基于我们对主句和从句中两个动作的时间关系的判断。如果教师只是用语言去描述while（虽然）、when（何时）、as（像）三者的区别，那么学生会难以理解。例如，as和when引导的从句既可表示某一刻时间，也可表示某一段时间，从句中的谓语动词既可以是短暂性动词，也可以是持续性动词。While引导的从句通常表示一段时间，从句中宜用持续性动词做谓语。如果从句和主句都表示一个人的两个动作交替进行或同时完成，则应用as，可译为“一边……一边……”。在这番描述中，教师就必须用到很多术语。由于学生的语言理解能力以及想象力都是有个体差异的，随着教师的讲解，每个学生头脑中呈现的画面并不统一，这就会给时间状语从句的教学造成一定的障碍。

四、活动式呈现法

在活动式呈现法中，教师安排适当的活动，让学生通过活动的方式来感受和体验特定的语法知识。在运用活动式呈现法时，教师需要预测学生可能会遇到的困难，并且在初始阶段做出一定的示范。

在学习介词的基本用法时，教师可以先运用全身反应法，即要求学生根据他的指令来完成动作。

接下来，教师可以用示范的方式帮助那些不能完全理解指令的学生理解指令。在全部学生都理解了上一组指令后，教师在接下来的活动中加入了更为复杂的介词、介词短语及方位关系。

在活动的最后，教师一边重复以上句子，一边把正确的图形画在黑板上，让学生与同桌相互检查。通过这一系列的指令活动，教师向学生呈现了常用介词的用法。活动式的呈现方法使得每位学生都能够参与到学习环节中来，能够激发他们的兴趣，活跃课堂气氛。

五、故事法

教师要如何运用故事法在语境中进行有意义的语法教学？故事法，是指让学生通过接触有完整意义的语言素材（故事、诗歌和听力材料等），在阅读与听力理解的过程中逐步自觉地意识到某一语法结构规则；然后，师生共同建构这一特定的语言形式及其意义；最后，学生进行多种形式的交际和合作活动再造故事情节，教师则通过活动来检验学生对该语法现象的掌握程度。

（一）呈现（Presention）

教师先要呈现一个突出某一语法现象的故事、歌曲或听力材料等，甚至可以是真实生活的展示或设计一个真实的任务，如做运动、试验等。

（二）注意（Attention）

在这一阶段，教师要使用各种方式让学生对语法引起注意。这些方式包括：①就材料中的所教语法知识进行提问；②使用幻灯片或多媒体通过图片或其他手段凸显相关的语法规则。

教师可以让学生成对表演一个故事。同时，教师通过提问或者设计活动重点突出一些语法规则。例如，提问一名学生看到狗之前和之后的感受如何？让学生使用肢体语言来表达这些不同的感受。学生通过肢体语言和面部表情表现形容词结构的含义，在表演中感受形容词的用法结构。

（三）合作建构（Co-Construction）

在这个阶段，师生合作建构语法结构。在学生开始注意语法结构后，教师需要提出清楚的、直接的、到位的问题来帮助学生理解语言结构。

（四）拓展（Extension）

拓展活动是提供给学生实践的机会，使学生通过创造性的方式使用新学的语言结构。活动形式可以包括信息差活动、角色扮演、游戏、写作、面试和调查等模拟真实生活情景的活动。

教师可以要求学生根据自身经历编造一个故事，并且写下来。教师应该要求学生尽可能多地使用在前面阶段所学的语言结构。如果时间允许，教师则可以让学生以小组合作的方式编造一个完整的故事，然后向其他同学呈现故事。通过这样一系列的活动，学生就能比较轻松地学到这一语言结构，并体会到在与同伴合作中使用语言的乐趣，学生的综合能力也会得到提高。

新课标强调语言交际能力，交互式语法教学的理念符合课程标准的要求。交互式教学理论认为学习是一个认知交互的过程，并强调个体与所知环境之间的交互作用。交互式教学为学习者提供认识、体验、实践目的语的机会、环境和条件，提倡合作学习、探索学习和体验学习等学习方式，其主要的实践性原则就是互动性。三种交互活动形式是指师生之间的交互活动、学生之间的交互活动和人机之间的交互活动。人机之间的交互活动是指在语法教学过程中，教师可以借助多媒体教室和网络通信技术的交互功能，建立师生合作和生生合作机制，进行教学设计，为英语语法教学提供更广阔的空间。下面我们将详细说明师生之间的交互活动和学生之间的交互活动。

1. 师生之间的交互活动

师生之间的交互活动是指教师和学生利用目的语进行有意义的交际活动，不仅交流信息，还交流情感。教师不再是传统意义上知识的掌握者和输出者，而是帮助学生有效学习的促进者。

对于师生之间的交互活动，关键是要教师设计出有意义的问题，通过让学生回答问题，使学生在一定情景中理解、提炼语法知识并将其应用于实践中。

2. 学生之间的交互活动

在安排学生之间的交互活动时，教师应该根据一定的语法知识创设一种真实且自由宽松的环境，引导和组织学生运用所学的语法知识入情入境地进行交互活动。

第八章　阅读与写作教学策略研究

第一节　英语阅读教学

一、英语阅读教学的重要性

阅读理解是学习者学习知识和发展智力的重要基础和前提，同时也是人类信息传递的主要途径。大学英语教学的主要目的之一是培养学生具有较强的阅读能力。当前在我国的各类考试中，阅读部分所占的比重一般在30%或30%以上，可见提高阅读技能和水平的重要性。阅读的重要性主要体现在以下几个方面：

（一）获取信息的主要手段

阅读能力的培养应该是我国大学英语教学的努力方向。众所周知，我国教育部之所以把英语放在显赫的位置，目的之一就是想培养出能够通过英语获取先进的科学文化信息的人才。尽管语言的信息交流渠道可以分为口头和书面两种形式，但一方面受客观现实的限制，绝大多数的学生在未来使用英语进行交流时，获取信息的主要渠道还是阅读；另一方面，外语学习和母语习得表现出不同的发展规律，人们习得母语时是听说能力先于读写能力，无须太多的努力就可学会，而外语学习时情况则完全相反。这两个方面决定了书面语将会是学习者获取更复杂、更精确、更综合信息的可靠源泉。这同时也说明了将阅读教学置于大学英语教学核心地位的必要性。

（二）提高语言行为和能力的重要基础

阅读能力是提高听、说、写能力的根本。广泛的英语阅读是学习者写就地道作文的基础；正确的高声朗读是学习者说一口流利英语的必经之路。这应该说是一个不需要证明的道理。

（三）语言知识的积累过程和文化知识的导入过程

大学英语学习是语言知识的积累过程和文化知识的导入过程，对此外语界已经形成共识。如果说听说课和网络教学手段能在灌输语言知识上有所作为的话，那么它们尚不足以完全承担文化导入这个重任。听说课具有稍纵即逝的特性；网络教学毕竟是“辅助教学”，不可能代替面授。而阅读教学则可以针对课文中零散的文化知识进行对比分析、阐释讲解或指出其文化内涵或点明其文化规约。这样，学生就能循序渐进、润物无声地增进对异域文化的理解和文化知识的积累。此外，作为大学教育的一个重要部分，英语教学应该以拓宽学生视野、提高学生的素质为取向。在此方面，阅读教学显然可以发挥听说教学难以比拟的作用。

（四）阅读也是交际手段

人们在谈起大学英语教学中的交际教学法时，可能首先想到的就是教师和学生之间的互动关系，而忽略了学生作为读者在阅读英语时，其实也是在和作者进行交流。此时，学生的交际对象与大部分的英语教师相比，无论是在语言能力上还是在文化修养上都略胜一筹。因此，阅读作为交际手段或许更有意义。这一点长期以来没有被我国外语界所认识。这与人们传统上强调语篇的独立性是分不开的。以系统功能语言学为代表的语篇分析理论认为，语言的本质要求我们更应该把语篇看成是过程而不是产品。鉴于此，如果说大学英语还存在着不少问题的话，那么其中之一就是阅读太少，而不是太多，需要改变的是传统的阅读教学方法。

二、当前英语阅读教学中存在的问题

当前大学生的实际阅读能力不尽如人意，这与传统的阅读教学模式有很大关系。传统模式是围绕一本选定的教材进行教学的，学生在课前预习一下要求阅读的文章；上课时教师解释生词，分析语法难点，翻译一些结构复杂的句子，再做一些理解性问题。这种教学程式没有充分考虑阅读课自身的特点和教学要求，把阅读课变成了类似基础英语的纯粹的语言练习，因此，不能充分发挥阅读课在整个英语学习活动过程中应有的作用。

阅读是个体辨认和理解书面语言并领会其内容的心理言语活动过程，是人脑中各种知识共同作用的结果。因而，阅读是一项非常复杂的、需要调动各生理器官及知识结构的综合性活动。英语教学中的阅读教学不仅是方法和知识的传授，更是一项集教育学、心理学、语言学等多种学科于一体的综合性的智力开发工程。如何改进大学英语阅读的教学模式，有效地提高学生的阅读理解能力，长期以来一直是广大英语教师和教学理论工作者十分关心的问题。

要有效地培养和提高学生的阅读理解能力，教师应在阅读教学中针对具体的教学对象和教学阶段，采用与学生学习状况相适应的教学方法。但是，从目前大学英语阅读教学的状况来看，传统的阅读教学方法仍占有绝对的统治地位，它所存在的问题不容忽视。现从以下几个方面对此加以分析：

（一）片面强调语言符号的符号性分析，忽视文化教学

这种情况的出现有其理论根源。具体而言，它深受传统阅读理论中转换生成语法的影响。该理论认为，阅读必须从最小、最简单的语言单位开始，每个词、句子和段落本身有意义，独立地存在于材料中，与读者没有直接关系。阅读中的不能理解部分是由于材料本

身的一些语言问题导致的，如一些不熟悉的词或不适当的语法规则或句子之间缺乏关联。总而言之，该理论强调的是语言结构对阅读理解的影响，而不是读者自己对理解文本的影响。在现用的大学英语阅读教程中，绝大多数课文和阅读材料选自英美原文。由于东西方文化的差异，以及政治体制、风俗习惯、传统、道德的不同，学习者如果对所学语言国家的有关文化背景知识缺乏全面的了解，在阅读原版文章时就会受到影响。因为不管在哪个国家，语言都是人们进行思想文化交流的工具。一个国家文化的发展有其渊源和背景。在大学英语阅读教学课上，部分教师过分注重对阅读文本的符号性分析，并在此基础上进行机械似的拼合，从而忽视了学生内存的已有文化背景知识图式对阅读效果的影响。例如，"full moon"的短语，在西方文化中是与"恐怖"和"疯狂"的图式联系在一起的，而在东方文化中激活的则是"团圆"和"赏月"的图式。学习者如果不了解英语的文化习惯，就对该成语进行直译，则会偏离其本义。实践证明，学生知识面窄，缺少相应的文化背景知识，是其进行阅读理解的一大障碍，以至于有些学生一看到自己不熟悉的题材就有了先入为主的畏难心理。这种潜在的心理干扰了正常的思维活动，从而影响了学生自身能力的正常发挥。

（二）重语言表层结构，轻篇章整体意义

传统的英语阅读教学理论认为，阅读理解的关键是词汇，学习的主要目标是语法、词汇和语言知识等。这种方法把完整流畅的语言分割和肢解成片段教学，忽视了对整体篇章意义的理解。在阅读教学过程中，教师对阅读材料的细节性解释占去了阅读课的绝大部分时间。在讲解中，教师还生怕有所遗漏，对所有语言点，所有信息不分主次，平均用力。由于关键点未被突出强调，就阻碍了学生进行整体阅读。教师很少系统地训练学生掌握一些获得词的逻辑意义的技巧，忽视了对学生进行略读、查读和猜测词义等能力的训练。这跟传统的语法翻译教学法的一度盛行不能说没有关系。常见的问题是不少学生在阅读时，潜意识地进行逐字逐句的默读或心译，生怕漏掉一个字。这种过于求全求细、"只见树木不见森林"的方法，主要是沿袭了传统精读教学"每句必细读、必精解"的习惯。其结果一方面影响了学生的阅读速度；另一方面学生在读完之后，脑子里杂乱无章，无法记忆或复现文章中的主要信息和重要细节，更谈不上在彼此之间建立有机的联系。常有学生抱怨说，几乎每个单词都认识，可就是不理解文章意思。原因在于他们不知道如何在阅读中进行积极的思维活动，不懂得怎样对后续信息进行内容预测、结构预测、词汇预测等。

（三）忽视学生在教学中的主体地位

在课堂教学中，普遍是以教师为中心的讲授式教学，忽视了学生在阅读中的主体地位。就大学英语阅读教学的整体情况来看，学生的英语阅读能力不尽如人意，其中一个重要的原因是：学生未能积极参与阅读教学过程。目前的大学英语阅读教学仍以传授语言知识为主，阅读教学是以教师为中心的讲授式教学。按照这种方式，教师在课堂上只管使劲儿地讲、满黑板地写，成为课堂的主宰；而学生则在下面拼命地记笔记，被动地模仿、记忆和

进行古板的、孤立的、教条式的句型操练和单句翻译。在这种情况下，学生参与课堂活动的意识淡薄，并容易产生厌倦心理，对学习英语失去兴趣，课堂气氛也显得非常沉闷。这样就严重挫伤了学生的学习积极性，导致学生不会积极、主动地参与到课堂教学活动中来。不少学生在听课时心不在焉，甚至打瞌睡，以致出现费时低效的现象。如果不从根本上改变这种现状，那么必然会导致学生在课内没有主动阅读实践的机会，在课后缺乏自我阅读的动力。

三、对策

阅读是一个相当复杂的心理认知过程，是读者通过语篇这一媒介与作者相互作用的交际行为；是读者借助自身的经验知识，包括语言知识与技能，以及阅读习惯、阅读策略与技巧、背景知识与语篇知识、文化差异等非语言知识对新信息进行筛选、分类和解释，以尽可能准确地获取作者的意图，实现阅读的目的。分析和研究大学英语阅读教学中存在的问题后，笔者认为，要提高学生的阅读理解能力，应采取以下相应的教学策略：

（一）激发学生的阅读兴趣，拓宽阅读范围，重视文化教学

在英语阅读教学过程中，教师应当尽量创造时间和空间，提供正常的阅读环境和真实的阅读材料，所选的阅读材料要有一定的标准。因此，在进行阅读选材之前，教师应尽可能地对学生的学习目的、学习期望、语言水平，以及文章的趣味性、难易度、信息量、文章类型等方面的要求有一个深入了解，做到有据可依、有的放矢。一般来说，所选阅读材料语言要质朴生动，难易程度要与学生的实际情况相适应，这样才能增强学生的阅读信心和成就感，激发学生的阅读兴趣；同时选材范围要广，尽可能地涉猎多种题材的文章材料，如名人逸事、科普常识、文化习俗、人物历史、新闻报道、广告说明等，不断扩大学生的知识面。此外，教师还应根据文章内容向学生介绍一些相关的文化背景知识。阅读理解不仅是语言符号的问题，背景知识、文化内涵也很重要。我们在阅读一篇文章时，至少有两个活动在同时进行。一个活动是从单词、短语、句子等语言形式上进行字面理解；另一个活动是在理解字面内容的基础上，利用已有的文化知识和背景知识重建信息。也就是说，理解文章在很大程度上是基于我们的已有经验来进行推测或是利用已有信息对读到的东西进行信息加工，这也就是所谓的“图式”。例如，美国的纸币不论面值大小，其颜色均为绿色，因而也就有了“green power”（金钱的力量）的说法。如果学生不了解这一背景知识，就很难联想到这一含义。因此，在平时的教学中，教师应有意识地培养学生对文化背景知识的积累，使学生在阅读过程中能利用已储备的背景知识或已有图式对文章进行综合分析，以达到对篇章准确、全面、深层次的理解，同时对阅读文章产生浓厚的兴趣，养成良好的阅读习惯，不拘泥于个别词句的理解，增强语感，使英语文字在大脑里直接产生意义，如此才能提高阅读速度和理解的准确率。

（二）具体与抽象策略相结合，培养学生的语篇阅读水平

在课堂教学中，教师应让学生大量接触语言材料，把词义和句法教学融入语篇教学中，重视对学生进行略读、查读和猜测词义等能力的训练；在语篇的基础上，通过广泛阅读，使学生掌握基本的阅读方法、策略和技巧，培养学生运用其已具备的相关背景知识对阅读材料进行猜测判断、概括等综合分析的能力。在大学英语阅读教学中，教师除了要求学生广泛阅读，使各种阅读方法和技巧得以反复操练外，还要针对不同的阅读对象和目的，采用不同的阅读方法和技巧，以达到相应的阅读目的，这就需要学生掌握一定的阅读策略。对大学生的阅读而言，主要是采用具体和抽象两种阅读策略。例如，在读不太熟悉的题材的文章时，要多用具体策略；在读有关日常生活的杂志文章时，要多用抽象策略。在教学中，笔者发现有的学生虽然对英语基础知识掌握得很不错，但他们阅读的速度十分缓慢，而且对文章内容的理解也较差，其中的一个重要原因就是他们在阅读时将注意力较多地放在具体策略上，而忽视了应用抽象策略；一般只注意包含信息的符号，把太多的时间花在了这些符号上，而失去了对整体意义的理解。当然，这两种阅读策略并无实质上的高低优劣之分。对于任何给定的阅读材料，最佳策略的选择就应该基于这两种策略能否提供最正确的语义信息。所以，教师在阅读教学过程中，应指导学生对具体策略和抽象策略采取双重使用。学生只有对待不同的文字材料使用综合策略，才能取得充分理解整篇文章的效果。还有，要达到对所读文章的完整理解，学生就要仔细阅读，从中寻找线索，收集新信息，就文章的有关部分进行推理和猜测，并注意有关因素间的相互关系。要达到这一目的，首先，对于文章中的生词和多义词，教师应指导学生运用文章背景以及自身的经验知识来推测其词义，而不是一遇生词就查字典。例如，根据构词法来进行推测，也就是从单词的结构上看是否有前缀或后缀，是不是合成词、派生词，单词的词根熟悉与否等。又如，根据生词同其他词语间的同等或同位或对比关系等进行猜测，从而猜出其词义。一是教师要指导学生利用文章的标题、段落的开头、已读过的部分提出预测，并依据作者在文章中要表达的思想检验预测是否正确。在阅读过程中，学生可利用多种语言手段（功能词、词语重复和句子位置等），回忆前面读过的词义、句义，甚至情节来验证预测。二是教师要指导学生根据事物发展的客观规律和阅读文章的篇章文体、修辞手法，以及语言中固有的冗余现象来做初步分析，提出假设，然后利用文中的各种语言线索，运用逻辑判断和推理的方法来检验假设，从一定文字符号中获得尽可能多的信息。在阅读过程中，教师要指导学生学会不断修正预测中不确切的内容，直到最终完成对整篇文章的理解。

（三）以学生为中心，培养学生的自主阅读能力

阅读是指学生通过自己的视觉识别文字符号，从书面语言中接收信息，获取篇章意义的心理过程。阅读教学是一个包含学生、教师、阅读教学目标、阅读材料、阅读策略与方法等若干要素的系统。在阅读教学活动中，学生是阅读的主体，是阅读教学的归宿。阅读教学目标的实现与否取决于学生参与阅读活动的程度。因此，在阅读教学中，教师必须根

据阅读主体的心理发展规律明确教学目标，优化教学内容，合理安排教学过程。大学英语阅读教学应当改变过去以教师为中心、以知识传授为重点的做法，确立以学生发展为中心的教学理念。教师在实践中必须改进阅读教学方法，充分发挥学生认知的主体作用，使学生在阅读过程中自主地建构知识体系。一是阅读教学要有明确的目的和任务，课堂设计要有利于提高学生的学习主动性，激发学生的创造性思维。在这个方面，教师要给学生更多的感知语言的机会。例如，在阅读过程中，教师应布置一些与文章内容相关的启发性思考题，调动学生主动地参与英语阅读教学活动的积极性。带着问题去阅读，学生就会在求知欲和好奇心的驱动下，积极主动地思考、理解问题，在文章的基础上加以联想，从而达到较好的阅读效果。又如，在讲解文章的过程中，教师不应一味地解释文章中的词句，而应将一定的提问加入讲解之中，以便与学生形成互动；同时，将部分段落交由学生讲解，教师或其他学生提出问题，由讲解学生或其他学生解答和补充，以提高学生的课堂参与意识，使学生相互学习、互相促进、共同提高。二是要将因材施教的理念与开放式教学方法的探究结合起来。在英语阅读教学活动中，教师既要引发并适应学生的合理观念，参与学生开放式的问题探究，又要顾及学生群体学习水平的差异性和层次性，做到因材施教，必要时可进行个别辅导。这有利于学生在理解的基础上，掌握规律、提高阅读能力并将其运用在以后的阅读中，推动并最终实现以学生为中心的活动型教学模式。

（四）培养阅读技巧，提高阅读速度

为了提高英语阅读速度，学生还要养成良好的阅读习惯，不能边看边默读，眼、嘴并用必会降低阅读速度。在阅读过程中遇到生词是学生最感头痛的事，这时一般不应停下来查字典。英语教师必须使学生懂得：认识一篇文章的所有单词并不等于能理解这篇文章；而透彻理解一篇文章并不一定要认识文章中的所有单词。英语单词是可以分析的，如可以用构词法来猜测、确定词义，还可以根据生词所处的句子或段落从上下文来推断该词的含义；除此之外，还可以根据同一篇文章中的其他信息来帮助判断。这类信息有同位语、下定义、解释、举例、同义词、反义词、标点符号（如破折号、冒号都表示解释和说明）等。

掌握一定的阅读技能是提高学生英语阅读速度的保证。为培养英语阅读能力，教师应当向学生讲授略读（skimming）、跳读（skinning）、细读（careful reading）和评读（critical reading）等阅读技巧。略读和跳读是英语阅读的重要技巧，更是提高阅读速度的两大法宝。略读是指读者快速浏览全文，跳过不重要的部分，把握文章的主旨；而跳读是指读者在文中寻找有用的信息而忽略不重要的信息，不需要逐字逐句地阅读，这种阅读方法也称为“查读”；细读是指把握文章的细节；评读则是指对文章进行评论。不同的英文文体有不同的结构特点，理解、掌握了各种文体结构，有助于学生更有效地获取信息、提高英语阅读速度。

总之，阅读能力是语言能力的一个重要组成部分。在大学英语教学中，英语教师应采取一系列措施，通过各种方法和途径，有的放矢地提高学生的阅读能力，并为以后更高级的专业阅读打下良好的基础。

第二节　英语写作教学研究

一、写作在英语教学中的地位

（一）社会的发展使英文写作越来越重要

当前，人类进入了信息时代。这个时代要求文化科学技术以前所未有的广度和速度传播，而传播的手段首先就是写作，尤其是英语写作。虽然现代化的广播、电视，以及计算机、互联网等多媒体传播工具已普遍使用，但是专家、学者、教授、新闻记者和商人一般都不会直接使用现代传播工具，而会事先写成文稿，然后再借助传媒工具进行传播的。因此，现代传媒技术的发展和普遍使用不仅没有降低写作的地位，反而对写作提出了更高的要求。由于英语写作在当今全球化不断加快的人类社会生活中占有极其重要的地位，因此英语写作在整个英语教学课程中显得格外重要。目前，随着国际各种交流的迅速发展，计算机网络等媒体技术的进步、电子邮件的便捷传输、英文信函的频繁往来、技术交流和论文撰写的需要使得英文写作需求与日俱增。专业技术人员如果不具备满足社会需求的英文写作能力，就不能很好地适应工作的需要，就会在社会进步中处于被动地位。

（二）写作是重要的交际手段

写作在教学中的地位还取决于它在听、说、读、写四种技能中的作用。要学好一门外语，这四种技能都是不可缺少的，它们是相辅相成的。我们难以想象，一个在写作中错误百出的学生会在阅读和听说方面达到较高水准。英语学习成功的标准不仅仅在于学生记住了多少英语知识，还在于他们是否能用所学的语言创造性地进行口语表达；也就是说，他们应该不仅能认知，而且能内化他们学到的语言，并在此基础上进行分析、综合、判断、重建和再创造。外语教学的目的就是培养学生的语言交际能力，也就是要培养学生用目的语进行听、说、读、写的综合能力。以前人们在讨论交际能力时往往将重点放在口头表达方面，而忽视了对于书面语交际能力的研究。作为语言交际的两大方式之一，书面交际能力应该受到相当程度的重视，这不仅因为现代社会生活对书面语交际能力有着更为迫切和现实的需要，还因为书面语交际在本质和方式上与口语交际有着很大的差异，它应该成为交际能力的重要部分而被予以高度重视。学习语言离不开写作，写作不仅能巩固学习者已学的语言知识，也是一种重要的交际手段。写作是听、说、读、写四项交际技能之一。四项技能各有特点，各有任务，但又相互关联、相互促进和相互制约。在学习一种语言的过程中，这四项技能缺一不可。写作可以增强学习者的语言习得，因为当学习者尝试用词、句子或者更大的语段进行写作并有效地交流自己的思想时，他们在课堂所学的语法和词汇就会得到强化。写作能有效地促进语言知识的内在化。包括写在内的语言产出性运用有助于学习者检验目的语句法结构和词语的使用，促进语言运用的自动化，有效地达到语言习得的目的。当学习者用英文表达意思时，他们不得不主动地调用自己已学过的英语知识，斟酌语法规则的运用，琢磨词语的搭配，掂量词句使用的确切性和得体性。通过写作，学习者的英语知识不断得到巩固并内在化，为英语技能的全面发展铺路。然而，由于写作是一个迂回复杂、动态的过程，受各种认知和社会因素的约束，学习者学会写作不容易。用英语写作时，其修辞环境更为复杂，会受到跨社会、跨文化因素的制约和影响，因而更难。

二、大学英语写作教学现状

在过去的四十多年中，在认识论、信息论、控制论以及各种语言学理论和教学法的冲击下，英语写作教学的专家，尤其是美国写作教学的专家，针对如何改进写作教学法做了许多探讨，使英语写作理论和教学法取得了突飞猛进的发展，英语写作研究的重点也发生了根本性的转移。现代写作学不再像传统写作学那样对学生的成品进行孤立的、静态的研究，而是从宏观角度把写作现象作为整个写作活动链条中的一个环节进行动态的考察，以找出写作活动中某些带有普遍性的规律，从而指导课堂教学活动。在我国，各种外语教学大纲都对写作技能的培养提出了一定的要求。但是，在教学实践中，写作一直都没有得到应有的重视。除大学外语专业单独开设了写作课之外，其余的外语课程包括中小学、大学非外语专业的外语教学课程计划都没有将外语写作单列出来。

虽说读、写可以结合，或者听、说、读、写可以进行综合教学，但是，写作教学毕竟有自己的特点和规律。从我国的外语教学实践看，写作教学往往被阅读教学所替代。由于时间、教学条件等各方面的缘故，外语写作教学只有大纲里的要求，没有课堂的教学实践，所以写作教学常常成了考试前的突击备考辅导。这种处理结果是显而易见的。据统计，自 1987 年将写作纳入大学英语测试（CET）以来，学生的写作平均得分率始终在 30% ~ 50% 之间徘徊。学生英语写作水平与其学习英语的时间形成巨大的反差。

写作教学在外语整体教学中存在着严重滞后的现象。这种滞后现象主要表现在以下几个方面：

（一）缺乏系统教材

目前，全国普通高校通用的几套大学英语教材分别为董亚芬主编的《大学英语（修订本）》、李荫华主编的全新版《大学英语》、郑树棠主编的《新视野大学英语》、应惠兰主编的《新编大学英语》，以及翟象俊、郑树棠、张增健主编的《21 世纪大学英语》等。这几套大学英语教材都有精读和听说内容，有的还配有阅读内容，但都没有专门的写作内容。由此可见，写作教学未引起学术界的足够重视。

（二）没有系统的写作练习

由于在写作方面没有系统的教学计划，教师对写作练习的布置和处理也带有很大的随意性；同时，由于年年扩招，大学英语教师大多承担着十分繁重的教学任务，每周十几节课的情况十分常见，因此，很难保障写作练习的数量和对写作作业的批改质量。

（三）没有时间保障

在非英语专业的英语教学中，没有专门的写作课，写作的问题一般都安排在练习中讲解。由于写作技巧的学习都是在练习处理当中，因此，教师往往只是在处理练习时顺便提及写作，时间仓促时就不得不略去，因此，写作在时间上不能得到保障。

面对这种现实，大学英语教师可谓任重而道远。为了适应新形势的需要，对非英语专业的大学生书面表达能力应提出更高的要求。因此，找到解决目前这种困境的途径成为摆在大学英语教师面前重要且迫切的任务。

三、写作教学新思路

（一）加强大学英语写作教学的系统性

首先，制订系统的教学计划，由浅入深、循序渐进，使大学英语写作教学真正摆脱目前的无系统性状态。其次，按层层递进原则，分阶段、分步骤地进行大学英语写作教学。所谓层层递进原则就是根据词、句、段落、篇章、文体的顺序，循序渐进地分阶段进行教学。大学英语写作教学的整个教学过程按写作特点可以划分为基础、中级和高级阶段。基础阶段从写句子入手：写简单句和复合句。这一基础阶段的教学目标主要以扩大词汇量、熟练掌握词组和句型为主，同时兼顾语法的正确使用。教学重点放在包容量大、涉及面广的汉译英练习上，教师应从中发现学生存在的各种问题。中级阶段的教学重点放在一般常见文体的写作上，主要训练学生主题句的写作、上下文的衔接、文章的开启与收尾等。教学要提醒学生注意段落的连贯性、上下文的逻辑性、篇章的整体性等。高级阶段的教学重点放在各种实用文体的写作上，以便提高学生的英语实际运用水平。这一阶段的教学目标包括作文修改方面的一些问题，如标点符号、书写规则和修辞手段等。教师在这一阶段要加大写作力度，如要求学生在课堂上限时完成某种题材的作文。写完后，教师可以让学生彼此随堂传阅，目的在于让学生在取长补短的过程中提高书面表达能力。

（二）培养学生的写作兴趣

教师在在基础阶段特别要注意培养学生学习的兴趣，帮助学生树立能用英语写作的信心。在这一阶段，学生的写作可以不限题材，任其发挥，目的在于鼓励学生自我表达，充分发挥学生的想象力和创造力。教师可以在每次精读课前要求两位学生将他们的作文抄写在黑板上。如果是多媒体课堂，教师就可以要求两位学生演示他们的作文课件，然后组织全班学生进行点评。这样可以极大地调动学生参与的积极性和写作热情；同时，还可以使其他学生知道展出的作文好在哪里、不足之处是什么，借鉴别人的长处、避免别人的不足，是提高写作能力行之有效的办法。与此同时，为了不使学生对写作有挫败感，教师在批改学生作业时，除了严重的错误必须指出外，尽量对学生进行鼓励性的点评，以保护学生的写作兴趣，使学生树立对写作的信心。

（三）扩大写作量，尝试“写长法”

“写长法”是针对我国英语教学听、说情境不足，而读、写情境有余的国情提出的适合中国学生英语学习的教学方法。其宗旨是以写作来激发学生的英语学习潜能，提高英语学习效率。具体做法：教师让学生就某一题目或不限定题目作文，不限定作文长度，学生能写多长就写多长；同时，教师鼓励学生不断地写、大量地写，通过扩大写作量来达到质量的提高，即由量变促成质变。在写作过程中，通过“写长”，学生的写作水平极限受到挑战，写作能力得到锻炼，学生也能够体会到由此带来的成就感。

（四）写作题材多种多样

教师应鼓励学生充分发挥想象力和创造力，在业余时间多进行写作练习，写作的时间不限、字数不限、题材不限。学生可以写文章摘要、课文缩写、故事续写、观后感、读后感、游记、小说、诗歌等。

写作作为英语学习中输出性的活动、作为学生英语水平的重要体现形式之一、作为英语应用能力的体现，越来越受到社会各界的重视。改革写作教学，提高学生的写作水平，是英语教师的努力方向之一。

第九章　听力与口语教学策略研究

第一节　英语听力教学

一、英语听力教学研究的必要性

为了适应我国高等教育新的发展形势，深化教学改革，提高教学质量，满足新时期国家和社会对人才培养的需要，对外语教学提出了新的明确要求。“大学英语教学是以英语语言知识与应用技能、学习策略和跨文化交际为主要内容，以外语教学理论为指导，并集多种教学模式和教学手段为一体的教学体系。大学英语的教学目标是培养学生英语综合应用能力，特别是听说能力。使他们在今后的工作和社会交往中能用英语有效地进行口头和书面的信息交流，同时增强其自主学习能力、提高综合文化素养，以适应我国经济发展和国际交流的需要。[①]”可见，新的大学英语教学目标把提高学生的听说能力放在了首要位置。而英语听说能力是以“听懂”为前提的。所以，以听、说为主的英语实际应用能力的培养成了英语教学的关键，而提高学生的听力能力成为摆在英语教师面前的亟待解决的一大难题。

二、英语听力教学的理论基础

听力理解由三个相互关联而又循环出现的阶段组成：感知阶段、分析阶段和使用阶段。在感知阶段，声音信号进入感觉记忆，信息保存的感觉记忆时间为 1/4 秒，然后经过筛选，其中一部分进入短时记忆进行加工处理。在分析阶段，短时记忆中的信息经重组、编码后，形成有意义的命题；听者要对连续性的语流进行切分，切分的主要线索是意义，而意义体现在句法、语音、语义三个层面上。在使用阶段，形成的命题与长时记忆中的已知信息相联系，确定命题的意义，当新输入的信息与已知信息相匹配时会就产生理解。在使用阶段，当形成的命题与长时记忆中的已知信息相联系时，大脑便通过积极的思维活动去分析、合成、归纳，使其成为连贯的语言材料，从而实现意义的重构。

认知心理学家进一步分析了解码过程中大脑对信息的处理方式，提出了“自下而上”和“自上而下”两种信息加工模式。“自下而上”的模式注重细节特征，是一系列由低级

① 教育部高等教育司 . 大学英语课程教学要求（试行）[J]. 中国大学教学，2004(1)：8-14.

到高级，即由字词解码到最终获取信息的过程。“自上而下”的模式突出整体结构的识别，强调长时记忆中存留的背景知识、经验在理解中的作用，是一个预测、检验和证实的过程。这两种方式相互联系、交互作用，并且同时加工，从而在词法、句法、语篇等不同层面共同促进听力理解。

三、听力教学理论指导下的具体实践

在英语听力教学中，多数学生存在听力障碍。实际上，听力理解不单纯是“听”的问题，而是一个综合运用语言技能的过程。根据听力教学理论分析可知：这个过程涉及语言因素和非语言因素。前者主要是指“自下而上”的语言基础知识，如语音、词汇、语法的加工过程；而后者则包括“自上而下”的文化背景知识、良好的听力习惯、良好的听力技巧和较快的阅读速度等综合知识的加工过程。只有这些“自下而上”和“自上而下”的语言因素与非语言因素的信息处理过程互动、互补，才能达到较好的听力理解效果。因此，英语教师只有采取综合措施才能有效地提高大学生的英语听力水平。

（一）强化语音知识、克服语音障碍

非英语专业的大学生普遍存在语音问题，一方面是由于一部大学生没有经过正规系统的语音训练。另一方面是因为很多大学生对语音不够重视，觉得只要能读得出、看得懂就可以了；久而久之，就形成了错误的听觉形象，以至于非常简单的句子却听不懂。很多大学生对英语语音知识如重音、连读、不完全爆破、意群、语调等就知之甚少。因此，在大学生入学之初，英语教师有必要给学生复习一下音标知识、教授一些读音常识、纠正学生的错误发音，以使他们尽快摆脱错误，养成按正确的语音语调发音、朗读和说话的好习惯。

语音错误非一朝一夕所能克服，学生必须在以后的学习中反复练习。在课堂上，教师应争取让所有学生能将课后所列生词、词组读准，对学生所出现的语音错误要及时纠正。对于听力材料中比较典型的语音失去爆破的句子、连读的句子等，教师要有意识地多放几遍，以引起学生的注意并让他们模仿。由于课时有限，在课堂上，语音练习不能占用很多时间，因此教师可以要求学生在掌握了一定的语音知识后，在课外每天坚持朗读 20 ~ 30 分钟，先跟着磁带读，注意模仿语音、语调、连读，把握朗读节奏，然后脱离磁带，背诵课文。

（二）熟悉听力常用词汇

听录音主要是获取信息，就像我们平时听别人说话一样，不必每个词都听懂，只要抓住关键、抓住要点就可以了。而所谓抓关键就是在听单句时，听者要善于捕捉主要信息，尤其是一些关键的名词、动词、否定词等。

1. 生活常用词

这些词汇常出现在对话中，了解它们有助于听者推断出对话场景、对话内容、对话者的关系及对话者的意图等。例如，办公室常用词：manager（经理）、secretary（秘书）、type

（打字）、letter（信）、document（公文）、file（文件）、E-mail（电子邮件）、fax（传真）、make a telephonecall（打电话）、copy（复制）、arrange a meeting（安排会议）、leave a message（留言）等。机场、车站常用词：make a reservation（订餐）、ticket office（售票处）、platform（站台）、gate（大门）、hostess（女主人）、departure time（出发时间）、due to arrive（到达时间）、take off（起飞）、land（着陆）等。宾馆餐厅常用词：reception desk（接待处）、book a room（预订房）、a single 或 double room（一个或两个房间）、waiter/waitress（服务生）、menu（菜单）、order（订单）、pay the bill（付账）、soft drinks（软饮料）、salad（沙拉）、dessert（甜点）等。商场购物常用词：supermarket（超市）、department store（部门）、on sale（出售）、suit（套装）、dress（连衣裙）、size（尺寸）、color（颜色）、fashion（时装）、cash（现金）、credit card（信用卡）等。学校常用词：pass（及格）、fall in（集合）、examination（考试）、test（测验）、homework（功课）、thesis（论文）、degree（学位）、academic record（学历）、score（分数）、scholarship（奖学金）、professor（教授）、tutor（导师）等。

2. 常用否定词

除了最常用的 not、no 外，要特别注意以下表示否定的词语：Neither...nor（既不…也不…）、seldom（很少）、scarcely（几乎不）、hardly（几乎不）、little（小的）、few（很少）、rarely（很少地）、none（根本不）、too...to（太过于）、no better than（倒不如）、would rather（宁愿）等。

3. 常用数量词

英语听力材料中有一部分词是关于数字的，这些数字包括时间、价格、数量、年龄、电话号码、航班等。关于数量的听力材料要特别注意：

（1）有些数字的基数词和序数词的区别，如 six（六）和 sixth（第六）、seven（七）和 seventh（第七）、ten（十）和 tenth（第十）等。

（2）弄清十几和几十的词尾“-teen”和“-ty”读音的区别。

（3）弄清几个常用量词的读音和表达的数量，如 hundred（百）、thousand（千）、million（百万）、dozen（一打）、decade（十年）、century（百年；世纪）等。

（三）熟练掌握语法知识

1. 虚拟语气

虚拟语气表述的意思与事实相反。例如：If I had worked hard last term，I could have passed the final exam.（事实上，“我”没有通过考试。）又如：I wish this wonderful moment would last forever.（而事实上好花不常开，好景不常在。）

2. 比较级

注意以下表示比较的词：如 more...than（超过）、would rather（宁愿）、prefer...to...（宁愿）、no better than（不比），从而弄清两个事物或人之间的比较关系。

（四）扩展知识面，培养语感

教授要鼓励学生在课外大量阅读各种读物，文科学生要有意识地涉猎一些自然科学方面的常识，理科学生则要注意多浏览有关社会科学的读物。同时，学生要多听英文广播、歌曲，多读英文报纸杂志，多看英文电影、光盘等，日积月累，知识面就会拓宽，语感也会加强，听英语材料就会容易得多。

（五）培养良好的听力习惯和听力技巧

（1）要培养学生排除杂念、专心致志地听录音的好习惯。

（2）要使学生养成快速记笔记的好习惯，尤其是一些关键词、重要的细节、数字等，学生要边听边记，以免出现虽然听得明明白白就是没记住的情况。

（3）要培养学生遇到不懂的地方不停顿，只抓要点不究枝节，根据要点对所听内容做出分析推理，掌握通篇大意；不必要求学生百分之百地听明白。

（4）引导学生注意暗含语气及语音语调的变化对内容的影响。

（5）培养学生听录音前先读试题选项，根据已知信息猜测未知信息的答题技巧。

（六）提高阅读速度

在全国大学四级和六级考试及研究生入学考试中，各个听力试题之间的间隔约为 15 秒，如果考生阅读速度慢，就会导致一个问题还没有答完，下一个问题又已经开始，弄得手忙脚乱，即使听明白了也回答不对。所以，学生要尽量提高阅读速度，争取在问题开始前读完选项，以便听时心中有数，有的放矢；如果这道题还没有读完，问题就开始了，而学生对答案又没有把握，就先舍弃这道题，读后面的选项，做到“丢卒保车”。

总之，大学生只有狠抓语言基础知识如语音、词汇、语法等语言因素的学习，同时积极拓展知识面、培养良好的听力习惯和技巧、提高阅读速度，即采取综合措施，才能提高自己的英语听力。

第二节　英语口语教学研究

一、学生口语水平与教学目标要求相差甚远

旧的英语教学大纲强调培养学生的阅读能力。长期以来，大学英语教学一直未给予口语教学足够的重视，大纲对口语基本不做要求，没有课堂教学，学期总分不包括口语成绩。大学生的口语水平普遍较低。用人单位对近几年来毕业的大学生的英语综合能力普遍感到不满意，对其口语和写作能力则更为不满。

为了适应国际形势以及我国高等教育发展的新形势，我国要深化教育改革，提高大学生英语的实用能力，大力改革大学英语的教学现状、大学英语教学的目标，培养学生综合

应用能力，特别是听说能力，使他们在今后的工作和社会交往中能用英语有效地进行口头和书面的信息交流；同时，要增强大学生自主学习能力，提高其综合文化素养，使其可以适合我国社会发展和国际交流的需要。

针对口语教学提出的要求可以分为三个层次：一般要求、较高要求和更高要求。

一般要求是能在学习过程中用英语交流，并能就某一主题进行讨论；能用日常话题和英语国家的人士进行交谈；能就所熟悉的话题经准备后做简短交流，表达比较清楚，语音、语调基本正确；能在交谈中使用基本会话策略。较高要求是能够和英语国家的人士进行比较流利的会话，较好地掌握会话策略；能基本表达个人的意见、情感、观点等；能基本陈述事实、事件、理由等，表达思想清楚，语音、语调基本正确。更高要求是能就一般或专业性话题较为流利、准确地进行对话或讨论；能用简练的语言概括内容较长、语言稍难的文体或讲话；能在国际会议和专业交流中宣读论文并参加讨论。

二、制约大学生英语口语水平的因素

非英语专业大学生综合运用英语的能力不强，口语水平仍然较低，“聋人英语”“哑巴英语”现象较为普遍。造成这一现象的原因是什么？制约大学生口语能力发展的因素主要有以下几个：

（一）缺乏语言交际的环境

在以英语为第二语言的国家（如印度和非洲的一些国家等），新闻媒介、官方文件、广告和教学等为学习者提供了一个比较真实和自然的语言环境。而在中国，很多大学生很难有这样的语言环境。他们的英语在课外的应用机会极少。人们学习英语的最终目的是能够在真正的交际场合进行有实际内容、有实际意义的交际。但是，情境的缺乏使他们很少能够运用目的语进行交流和思维。

英语口语能力的提高依赖于可供语言大量输入和输出的语言环境。我国外语学习的主阵地是课堂，每周有限的课时难以保证学生有足够语言输入或输出的机会。此外，高校扩招造成的学生数量急剧增加与大学英语教师不足的矛盾日益突出，不少高校只好采用大班上课的方式。这种教学环境违背了语言学习规律，不利于学生口语能力的培养。

（二）教学理念与教学模式陈旧

观念的正确与否是英语教学改革成败的关键因素之一。要加强学生听说能力的培养，要提高学生综合应用英语的能力，但是相当多的大学英语教师的教学理念和教学模式依然陈旧，在教学中仍然把重点放在知识传授与学生的阅读能力的培养上，热衷于讲解词汇和语法，不重视口语训练。学生上课忙于抄笔记，课后背单词、背例句，很少有机会练习口语。由此可见，教学理念和教学模式陈旧是制约大学生口语能力发展的重要因素之一。

（三）应试教育的负面影响

应试教育的影响渗透了英语教学的每个阶段。小学毕业考、中学毕业会考、中考、高考、大学英语四级和六级考试、英语专业四级和八级考试及研究生入学考试皆为笔头考试，并不要求口头表达。学生应付各类英语水平或能力测试只需书面语而并不需口语。一些学生的笔试得分高，但口头表达水平却很低。虽然改革后的大学英语四级和六级考试不设及格线，只发分数单，但这个分数单的作用却比原来的合格证书更大。事实上，新的大学英语四级和六级考试的形式与成绩报告方式仍然是大学英语教学的指挥棒，多数高校的英语教学仍是应试教育。

（四）学生的原因

首先，许多学生学外语的内在动机仍然是通过考试。其次，心理障碍也是制约学生口语能力提高的原因之一。语言基本功不够扎实、语音语调不够规范、语用能力薄弱等原因，使得学生对自己的口语表达缺乏信心，因为害怕出错而羞于开口。此外，社会文化观念也是影响学生口语能力提高的因素。受中国传统观念的影响，中国学生在人际交往中较为含蓄，在课堂上不愿主动发言，在课外也不愿主动与外教进行交流。

综上所述，我国大学英语口语教学现状依然不能令人满意。从这一方面来讲，我国英语口语教学改革势在必行。

三、英语口语教学应遵循的原则

（一）以理论为指导，以训练为主线

英语口语教学是一个以理论指导教学实践的过程。在这个过程中，教师要积极主动地学习系统的理论知识，不仅要认真研究教学大纲的新要求、研究教材中的新变化，还要认真研究教学对象的特点，包括学生的语言基础、学习语言的能力、学习动力、心理障碍等。以理论为指导的口语教学应以学生的口语训练为主，而不是以教师的讲解为主。学生的口语实践是课堂教学的主要内容。

（二）以学生为中心

英语口语训练本身是一种双边的训练，其成效既离不开教师的组织与指导，又取决于学生的主观努力。教与学、师与生正是在一个设计合理的训练过程中取得和谐的共振效应的。在培养学生语言运用能力的实践中，训练的主体是学生而不是教师。教师的作用是以正确的方法引导学生认真观察、分析，教师要随时帮助和鼓励学生。除了必要的启发、提示、归纳总结外，教师应该学会保持沉默，减少自己“说”的时间而增加学生“说”的分量，克服习惯上的以教师为中心的教学思想，给学生留出足够的时间参与语言实践活动，从根本上树立以学生为中心的思想。

（三）课内带动课外，课外丰富课内

众所周知，要真正提高学生的英语口语能力，全靠课内学习是不够的，学生还需要坚持课外训练。课外活动的丰富性、实践领域的广泛性能有效地弥补课内训练的不足、教学

形式的单调等，使课外活动成为课堂口语教学的实践、补充和发展。在二者结合的过程中，教师应妥善处理课下训练任务和督促检查的关系；同时，要坚持课外活动多样性的原则，以求经过课内与课外的结合，学生的英语口语训练能走上良性循环的轨道。

（四）训练检测与现代化教育技术手段相结合

英语口语教学课堂效果的评价、学生实际口语运用能力的高低是教师在教学过程中必须把握的一个重要方面。学生的水平检测无疑是一个重要的信息反馈，是教学的一面镜子。它可以反映教学效果的好坏，是改进教学的可靠依据；也可以使学生正确认识自己的口语学习状况，激励、督促他们提高训练效果。要想取得积极、可靠的反馈效果，只有必须借助先进的教育技术手段，才能达到令人满意的效果。

四、改进方案

（一）制订循序渐进的教学计划

英语口语涉及音位学、词汇学、句法、语义学、社会语言学和情境因素等多方面的知识。经验告诉我们，非本族语学习者在短时间内掌握这些知识较为困难。因此，教师必须根据学生的实际情况，制订循序渐进的教学计划，逐步提高学生的口语表达能力。教师可根据学生的实际情况制订较为详细的学期、月、周教学计划，以求学生在口语实践中，逐步提高自己的口语表达能力。

（二）采用多种训练方法，激发学生的口语学习兴趣

口语训练和方法在很大程度上决定着口语训练的效果。教师应采用多种多样的方法鼓励学生进行口语练习，创造条件，提供说的机会。教师可根据教材设计多种练习形式，如问答、复述、描述、情境对话、看图说话、下定义、释义、讲故事、口头作文、现场讨论等；还可在上精读课或阅读课时利用几分钟时间安排学生报告新闻，在听力课堂上做到听说结合。教师应创造条件使语言教学真实化、课堂社会化，尽快地使口语训练进入交际性操练阶段，以提高学生的口语水平。

兴趣是最好的老师。在课堂上，教师可以选择趣味性强的材料进行口语训练，选择学生感兴趣的话题组织口语活动；可以适当穿插英语幽默故事、名言警句，采用播放英文歌曲、英文电影等形式来激发学生学习口语的兴趣；还可以采用表演式教学、参与式教学、游戏式教学，开展有趣的英语课外活动等形式来提高学生学习英语口语的兴趣。

（三）改革传统的考试方法，增加英语口语测试

为使学生平时重视口语训练，在期末考试中，可以增加英语口语测试。每班由两名教师任主考，学生抽签决定考试内容，准备 5 ~ 10 分钟后进入考场参加测试。为保证口试的效度和信度，应对主考教师应进行考前培训，制定详细的口试办法和评分细则。这样，学生学习口语的积极性将会被更好地调动起来，其口语水平也会有较大幅度的提高。

五、课堂口语活动的主要类型

丰富多彩的课堂活动可以营造较自然的口语学习和口语使用的情境，为学生提供实战演习的机会，给他们带来丰富的语言使用经验。同时，它创造了教师与学生、学生与学生之间相互合作、相互促进的环境。每个学生的解释、表达和争辩可能来源于同学与教师的启发和鼓励，也可能启发或激励别人。

那么，哪些课堂活动对学生更富于吸引力，更符合口语交际特征，更有利于达到口语教学的目的呢？通过筛选和实践，笔者认为以下三种形式较为有效：

（一）故事接龙

学生渴望了解目的语国家的生活习俗、民间故事、历史事件、名人逸事，也喜欢用新学的语言谈论这些生动有趣的事物。因此，教师可以选用难度适中、情节完整、时空顺序变化少的故事，组织学生接龙讲述或做其他相关练习。

1. 准备

在课前，教师需要准备一些材料用以展示故事情节，对于影视故事可选用录像或录音带片段，对于其他故事则以连环画的形式画在纸板上。每个故事中的录像带片段或纸板画的数量要适中，适合全班学生做接龙讲述。同时，学生应在课前熟悉故事背景和故事情节。

2. 接龙

教师根据学生的学习程度选取一些学生可能使用的词汇、句型进行讲解。之后，由学生讲故事，每人一句或若干句，轮流讲述，直至叙述完全部的情节或描绘出所有画面。针对遗漏的情节或错误的叙述，教师可引导学生以总结的形式进行补充纠正，或将学生分为两组，互相纠正。教师还应组织学生评选出表现最精彩的学生，以鼓励学生的积极性。

3. 对话

按故事片段数或纸板画数量将学生分成若干小组，每组编写一段对话，组里的每个成员扮演一个角色，每组轮流在其他小组面前表演本组对话，将每组的对话串联起来编成一部小话剧。教师可引导学生排练表演。

（二）模拟情境

由语言学家奥斯丁创立，由约翰·罗杰斯·希尔勒（John Rogers Searle）发展的情境对话学说认为，言语是由各种情境用语构成的，如打招呼、问路、告别、致谢等，学习者如果掌握了这些情境用语就能够自如地表达思想、愿望。在英语教学中，教师应经常模拟各种情境，以便提高学生在不同情境中的口语技能。

1. 情境创设

例如，教师向全班宣布："我们班小李同学即将赴英留学（可以是真实的也可以是假设的），请你对他说几句话。"学生们就可能会沉浸在即将离别的情绪中。

2. 在情境中活动

处在离情别绪中的学生们想起他们间的友谊，想起即将到来的离别，就会纷纷用英语表达了他们的友谊、良好的祝愿。有的同学可能想起了我国古代的送别诗，并进行翻译；还有的同学可能会唱起了苏格兰民歌“友谊地久天长”……就这样，在情境中活动，在活动中体会情境，学生在教师的引导下进行生动、活泼的口语活动。

（三）小组讨论

小组讨论不仅可以提高学生的口语表达水平，还有助于培养他们的逻辑思维、辩证思维，促使他们养成独立思考、相互学习的良好习惯。

1. 选题

讨论题目多选用有争议的话题。一般而言，有争议的话题往往是有话可说的话题。而且，话题要有挑战性，要能够调动学生积极思考，从而引导学生运用演绎、归纳、举例、类比、说明等逻辑顺序阐述自己的观点。同时，教师还应提供话题的相关素材，开阔学生的思路。

2. 讨论

讨论多以小组为单位，每组成员除讨论外还有其他任务，如负责组织讨论的主持人、记录讨论过程的秘书和对外总结发言的发言人。通过分工协作，学生提高了参与讨论的积极性，增强了学习热情。

3. 评价

学生在讨论结束时，总是希望教师、同学对讨论结果给予指点，做出评论，也想与其他小组的讨论质量做比较。如果教师评价讨论结果时只是泛泛地谈一些语言错误，就可能会挫伤学生参加讨论的积极性。教师对学生讨论的评价应当从多方面入手，有明确标准；也可以组织学生以小组为单位按照标准互相评价、互相评分，以提高学生的鉴别力。

让学生参与评价不仅为他们提供了向别人学习借鉴的机会，还培养了他们思考判别的能力，能够为他们今后的自学打下了良好的基础。

英语教师应充分认识大学英语口语教学的迫切性和重要性，努力探索口语教学的新思路、新方法，积极培养学生的口语交际能力，让学生真正地把语言作为思想交流、感情交流、互相学习、互相促进的工具，使大学英语口语教学朝着培养新时期合格人才的方向健康发展。

第十章 英语教学中的文化教学研究

第一节 文化教学在英语教学中的地位和作用

一、文化教学概念的内涵

文化教学概念的提出，理论上源于人们对语言功能的新认识以及语言与文化关系研究的新成果，在实践上积极引进和借鉴了外国尤其是美国、英国、德国等国家的新的教学理念和方法的结果。

从我国英语教学发展的进程及背景看，从20世纪80年代起，我国英语教育在教学思想、教学观念、教学内容和教学方法上有了一次新的飞跃，甚至可以毫不夸张地说，该理念的诞生及其在英语教学实践中的应用，标志着我国英语教学真正进入了由传统走向现代的新阶段，这是对传统的一种“反拨”，更是本质的回归。

回顾和总结过去几十年我国英语教学的理论与实践，不难看出，它基本上是围绕语言知识教学——词语分析、语法讲解、句型操练这样一条主线进行的，侧重语言的“内功”，而对语言外或非语言的“外功”（即交际文化因素）却不予重视或重视不够。这恐怕是长期以来人们对语言的认识受到“语言工具论”思想的影响所致，认为语言只是个“工具”，人们利用它来进行相互交际。这种狭隘的工具观容易把人们导向工具主义，使人们把视角只放在工具本身（即语言系统），而忽视了语言外的种种制约因素以及言语和言语交际的生成机制。久而久之，人们就习惯了把语言仅作为一种符号来进行传授的教学模式和教学方法，习惯了做语言内部结构的文章，而很少跳出语言本身的范畴，深入语言外部去探究语言与文化之间的必然联系。自20世纪80年代中期起，受国际上文化研究浪潮的推动，同时受社会语言学、认知语言学、英语跨文化交际学、汉语文化语言学等一批新兴交叉学科理论的启迪，语言与文化、语言教学与文化教学的关系等问题，日益成为人们关注的热点；同时也使人们渐渐认清了这样一个真理：英语教学只传授语言知识是不够的，甚至是有害的；语言教学必须与相应的文化教学结合起来，才能最大限度地达成现代教育的既定目的。

那么，文化教学的内涵究竟指什么呢？对此，不同时期和不同学科有不同的解释。

从时间上看，20世纪90年代以前所谓的文化教学，是指英语教学中为扩大学生知识面而专门开设的与目的语国家相关的国情知识和文化知识课程。20 世纪 90 年代，这一概念又有了新的内涵，是指结合语言教学而进行的移入相关语言文化背景知识的教学。

从不同学科的界说和具体实践看，汉语文化语言学将文化教学定位在两个方面：一是专设的中国文化课程，如中国文学、中国哲学、中国文明史、中国概况等；二是指与汉语教学同步进行的相关中国文化尤其是汉语言文化的教学内容、教学过程和教学方法。英语跨文化交际学所指的文化教学，据胡文仲先生归纳，主要涵盖以下几个方面的内容：一是在教语言（语音、语法、词汇、篇章、文体）的同时结合语境和文化背景、文化内涵，分析学生由于文化因素干扰造成的语言错误，从而提高学生对文化的敏感度，使他们认识到交际绝不只是掌握语言形式所能解决；二是开设所学语言国家的历史、文学、概况等课程，系统地传授知识文化；三是开设语用学、语言国情学、语言与文化、跨文化交际学等课程，从理论上提高学生的跨文化交际意识的能力。

可见，跨文化交际学对文化教学概念及内涵的界说，与汉语文化语言学基本相同，只不过将文化教学的内容由两个方面扩展到了三个层面，即语言本身的文化知识的传授，交际领域言语行为文化背景知识的讲解，专门的文化知识课程体系包括语言与文化相关学科的专业课程等。

从上述内容可以看出，文化教学的概念和内涵实际上有广义和狭义之分。从英语教学的实际和需要看，将文化教学的概念和内涵严格限定在英语教学本身，即狭义的范畴内更加妥当，原因如下：

（1）文化教学，实际上是针对传统的注重语言本身的语言教学弊端或危害而言的，它们应该是同一整体中的两个不同的方面。

（2）文化教学不应该被看成是与语言教学对立的单独系统，而只是语言教学过程中的辅助形式，它们的语言材料相同，教学方法也相同。英语教学脱离开语言教学的本体，就谈不上是文化教学，更谈不上是有单独系统的文化教学。

（3）我们理解的文化教学是在英语教学的语言教学过程中移入目的语国家的相关文化知识和文化背景知识、目的语民族的思维方式、东西方文化对比等内容的教学过程、教学形式和教学方法，同时也包括开设与语言教学有关的语言文化学专业课程。

二、文化教学在英语教学中的地位

通过对我国英语教学历史的简要回顾和文化教学概念内涵的分析，我们已经清楚地看到了英语教学引入文化因素以更新传统教学内容和教学方法的必要性，以及把文化教学作为英语教学组成部分的可能性。那么，从理论与实践的结合看，文化教学在英语教学中究竟应占有什么样的地位呢？这是我们必须认清，并且应当做出明确回答的问题。

（一）文化教学可作为英语教学的基本原则

在过去相当长的一个时期内，我国的英语教学严格地说都没有突破单纯的语言知识、技能、熟练训练的框框，教学主要是围绕词语结构或句型进行和展开的，所以学生学到的更多的是语言表面的、孤立的知识或单纯的词语指称意义，这与英语教学的培养目标是不相适应的。成功的英语教学应当把培养学生实际运用语言的能力放在首位，这种能力就是我们所说的跨文化交际能力，但跨文化交际能力的培养没有社会文化能力或文化理解能力作为基本内容是不可能达成的。文化教学就是要给学生注入“社会文化能力”或文化理解能力。它既强调学习语言知识的广度，即语言与文化、语言与国情的横向关系；同时，又强调学习语言的深度，即向学生传授语言本身所包含的丰富的民族文化信息。实践证明，在英语教学中向学生讲授语言中蕴藏的文化背景知识，不仅是一个重要的教学方法问题，而且是一项重要的教学原则。贯彻这一原则，可以有效地弥补传统外语教学内容的缺陷，从而进一步提高学生运用和掌握英语的能力。

（二）文化教学可作为英语教学的有效手段

英语教学的目的是既要向学生传授基础语言知识，培养学生的语言能力；又要对学生进行文化移入，以使其更好地掌握语言，获得跨文化交际的能力；还要实现一般英语教学都必须完成的教育教学任务。文化教学与语言教学相结合，可以成为实现这一目的的有效手段。传统的英语教学常常把语言作为与母语不同的一种符号体系来进行传授，学生除了能够获得一些单纯语言知识和语言运用方面的技能外，文化适应能力普遍较低，学生所受的教育目的也不明显。而文化教学则能够强化语言的社会文化功能，着力于开发语言的民族文化信息。它不单单为语言而去教语言，或把语言仅仅作为一种符号和工具去传授，而是把语言教学与获得文化知识、文化习俗和言语行为能力，以及掌握该语言的民族所创造的文化财富等有机地结合在一起。这样，学生在语言习得过程中，同时获得了对目的语文化的习得，从而使英语教学的教育目的得以实现。

（三）文化教学可作为英语教学的重要内容

传统的英语教学把教学内容基本上分为听、说、读、写四个大的方面。当然，这是学习语言必须掌握的四大技能，是学习任何一种语言都离不开的，这对着力于打好语言基本功的英语教学来说，是教学的中心任务。但是，仅有这些是否就够了呢？回答应该是否定的。上面已经谈到，这四大要素只不过是语言学得和习得的几大部分而并不是整体，文化知识也是英语习得过程中的重要内容。当然，英语教学是否需要把语言所包含的文化知识作为一门单独的学科进行教学还值得研究。但我们认为，文化知识至少可以作为教学中的一项重要内容对学生进行传授。我国的英语教学实践已经证明，语言离不开一定的文化，语言教学不讲授文化知识是不全面的。

（四）文化教学可作为英语教学最主要的方法

学术界曾把英语教学的实质界说为“交际”或“文化适应”，那么毫无疑问，施行以“交际”为实质的英语教学，行之有效的方法就应该是采用跨文化交际教学法。该交际法的核心特征是“信息转换”，即体现为“语言”“使用”“文化”三个过程。开展文化教学就是实现这三个过程的最主要的方法之一。英语教学中的文化教学区别于其他语言学科的一个显著标志，就是它同时兼有语言学、文化学和教育学的性质。从这点上讲，可以对文化教学做如下简要结论：

（1）英语教学不但要使学生掌握英语语言知识，还要使学生懂得用英语进行交际所需的各种文化背景知识。

（2）英语教学不但要使学生学会英语的语言规范和言语行为准则，还要使学生学会交际所需要的非言语规范和非言语准则。

（3）英语教学不但要进行语言教学，还要进行相应的文化移入，后者为前者服务，以保障学生跨文化交际的正确理解和表达。

（4）英语教学不但有母语的干扰作用，还有母语文化的干扰作用。如果只注意前者而忽视后者，就会造成跨文化交际中的文化负迁移。

（5）在英语教学中，母语文化的干扰作用是可以通过问话比较的方法加以预防和克服的。

（6）从事英语教学的教师应当同时具有较高的母语和英语的文化素养，教学过程中的文化意识及文化比较意识也是教师施行文化教学的必要条件。

（7）文化教学要结合所教授语言的相关知识进行，并以英语作为教授工具。

三、文化教学在英语教学中的作用

以上我们分析了文化教学在英语教学中应有的地位问题。如果教师能在教学中积极、主动地进行文化教学，那么通过教学双方共同的努力，就可以对学习主体的学生和教学结果产生双重效应。这是文化教学在英语教学中发挥应有作用的前提。

（一）文化教学可以激发学生的学习兴趣

学习英语必须具有一定的学习动机，而动机又来自学习兴趣。对于这个问题，古今中外的教育家都有过不少精辟的论述。但是，我国传统的英语教学对此似乎还缺乏深度的认识和实践。这种现象不仅表现在教学中，也表现在教材中。心理语言学的基础理论告诉我们，兴趣是最好的老师，是学生学习活动的内驱力。西方文化的异域风情能唤起学生的好奇心、激发学生的学习热情。值得一提的是，文化教学不仅有利于培养学生内在的学习兴趣，激发学生的学习热情，而且有助于调动教师授课的兴趣和积极性。由于教学活动不再仅仅停留在词形变化、遣词造句、语法结构等纯语言知识范畴，还要与教授语言中的文化背景知识同步进行，这就使教学内容和教学形式由原来的枯燥、单调转向生动和丰富，从而激发起教师教学的积极性和创造性。

（二）文化教学可以优化学生的知识结构

文化教学通常是教师通过所学语言本身向学生传授文化知识的，学生可以通过语言获取目的语国家的人文、地理、历史、政治、经济、教育、文化、社会制度、生活方式、风土人情、社会传统、民族习俗、言语礼节，以及民族心理、伦理道德、行为规范、传统观念等一系列知识，从而使学生的知识结构发生“优化”。因此，文化教学是对所教学英语综合的、整体的、多层次的分析和观察，能够起到优化学生知识结构的作用。

（三）文化教学可以优化学生的能力结构

文化教学致力于对英语交际文化各因素的揭示，给英语教学移入诸如语构、认知、语用等交际文化知识，以及身势语、社交礼仪、交际环境、交际方法、交际态度等方面的非语言文化知识，无疑能有效地促进学生跨文化交际能力的生成。尤其是语用文化因素的移入，使学生在解决说什么的问题后进一步提升了语言的实际运用能力，防止和克服了“社交语用失误”“因不了解谈话双方文化背景差异而影响语言形式选择的失误”，有效地解决了怎么说、怎样说更得体的问题。此外，文化教学还可以解决话语行为的准确度问题，并对交际模式的选择、话语结构的优化、个人言语行为能力的提高等也都有直接的影响作用。这方面的例子不胜枚举，如英语中最常用的 please（请）一词的使用场合问题就是一例。人们往往认为 please 的意思就是相对于汉语里的“请”。但在英语中，当让别人先进门或先上车时，就不说 please，一般说 after you；当在餐桌上请人吃饭、吃菜、喝酒或请人吸烟时，一般也不用 please，而用 Help yourself to something。

（四）文化教学可以提高学生的社会文化能力

社会文化能力是知识背景的深层次结构，也是透过语言的外表进而对语言所反映的内容的综合理解能力，因此，它属于背景知识的范畴。我们在英语教学实践中经常会听到学生这样说：“我的听力不好。”“我的阅读能力差。”“我记不住单词。”等。实际上，一个人能否听懂一段话、读懂一篇文章和有效地记住所学的英语单词，并不完全取决于其听、读以及记忆的能力和技巧。在这些能力和技巧之外，有一个重要和十分关键的因素——社会文化能力或文化理解能力。显然，文化教学的性质恰恰是以培养文化理解力即社会文化能力为出发点和归结点的。从另一个角度讲，英语教学的目的是培养学生的跨文化交际能力，而文化理解能力本身就是一种交际能力。所以，培养文化理解能力亦即培养跨文化交际能力，前者是后者必备的基础和条件。

第二节　语言教学与文化教学的关系

在英语教学中，语言教学与文化教学之间的关系一直是近几十年来我国英语学术界和教学界十分关注的重要问题，争论也比较激烈。一方面，否定者不承认文化教学的提法，赞同者赞成正确区分两者的关系，过激者夸大文化教学的作用；另一方面，尽管多数人对文化教学的必要性已形成共识，认识到语言与文化密不可分、文化因素在语言教学中无处不在，以及对于语言能力和文化能力“需要单独对待、分别培养”等，但在实际教学中，或许是受传统和习惯影响，忽视语言及语言使用中文化因素的还大有人在，或是走向极端，将英语教学干脆变成了文化教学等。凡此种种，都说明语言教学与文化教学的关系值得从理论上做进一步的探讨，更值得从理论与实践的结合上做更加深入的研究。

一、语言教学与文化教学的地位

讨论语言教学与文化教学的关系，首先有一个如何界定英语教学基本性质和特征的问题。毫无疑问，英语教学作为一个单独的学科，就教学形式、内容和目的而言，必然有其既趋同于又区别于其他教育学科的种种特征。首先，它是语言教学，具有与其他各种语言教学相同的一般性质；其次，它又是非母语教学，即第二语言教学，因而具有与母语教学非同一般的性质特征和特点，那就是跨文化的性质和跨文化带来的种种差异。这就决定了英语教学同时具有性质的双重性、特征的双重性和过程的三重性等特点。性质的双重性即为上述的语言教学的普遍性和非母语教学的特殊性；特征的双重性则体现为既有母语干扰，同时又有母语文化干扰的双重因素；过程的三重性表现为在重构语言规则系统的同时，还要重构语言使用规则系统和文化规则系统，即同时实现语言、使用、文化的三个过程。这便是我们对英语教学本质及特征最基本的认识，也是我们深入讨论语言教学与英语教学相互关系的立足点。

基于以上认识，我们认为，语言教学和文化教学在英语教学中的各自定位问题是比较容易解决的。显然，在英语教学中，语言教学是第一位的，因为它具备一般语言教学所具有的基本性质：内容是语言知识的传授；方法是语言教学法；教授者是懂得该语言的教师；学习者是以该语言为学习对象的学生。无论是教学对象、教学方法还是教学主体，都首先与语言本身有关，而不是与此无关的别的内容。因此，语言教学在英语教学中具有“本体的性质”。所谓本体性，是指它有本质的、不可动摇的首要地位：它既是教学永恒的基点，又是教学不变的主题，还是教学根本的出发点和归结点。如果离开或偏离语言教学，也就谈不上英语教学。而文化教学则是英语教学的特有形式，并不具有一般语言教学所有的普遍的性质和规律，因此文化教学在英语教学中是属于第二位的，或次要的，或“辅助的性质”。所谓辅助性，是指它不占有本质的、主导的地位，它的实施归根结底是为实现语言教学之根本目的服务的。正确认识这一点十分重要和必要，因为它规定了文化教学的性质——从属于语言教学，也限定了文化教学的实施范围——不超出语言教学特定的“区域”。性质和范围的确定，是英语教师有效克服目前英语教学中存在的“文化缺乏症”或“泛文化症”的可靠保障。

二、语言教学与文化教学的相互关系

“本体性”和“辅助性”，是英语教师分别对语言教学和文化教学所做出的基本定位。那么，作为具有两种不同性质和特征而又同时存在于英语教学中的语言教学和文化教学来说，它们之间又是怎样的一种关系呢？大量研究成果和实践都证明，它们之间的关系具有同步性、互补性和兼容性的特点。

所谓同步性，一方面是指语言教学与文化教学的过程是同步进行的，在第二语言教学的同时进行第二文化教学；另一方面是指语言学得和习得机制与文化学得和习得机制是协调一致、同时共进的，即学习者在学得和习得第二语言的同时，也学得和习得了该语言所包含的文化。当然，先决条件必须是在语言教学的同时也进行相应的文化教学。正如有学者所指出的，在学习第二语言的时候会“形成一种自我疆界”[①]“学习第二文化的目的就在于超越这种自我疆界，或者说扩展这种自我疆界，消除两种文化接触时所产生的障碍，使自己处于目的语国家人们的位置和思路上，达到移情的理想境界，这就获得了第二个新的自我认同”[②]。可见，第二个新的认同的获得，只有在第二语言与第二文化同步学习中才能实现。

所谓互补性，是指语言教学和文化教学是互为条件、互为补充的。从互为条件上看，离开了语言教学，文化教学就失去了赖以生存的物质条件，就会成为无米之炊、无本之源。而脱离文化教学的语言教学便会出现“营养缺乏症”，显得“瘦弱”且“乏力”，教学内容枯燥，无法激发学生应有的学习兴趣。从能力培养看，仅传授语言知识而不进行相应文化知识的教学，培养出来的学生充其量只拥有语言能力，而难以具备真正的跨文化交际能力。从相互机制看，语言教学是文化教学的基础和必要条件，而文化教学又能“反作用”于语言教学，拓展语言教学的深度和广度，有效提高语言教学的质量。

所谓兼容性，是指教学过程的实施和教学目的的达成，必须把语言教学与文化教学有机结合起来，使它们达到“有机化合”的效果。现代教育理念告诉我们，英语教学不结合目的语国家的文化是一种不完全的或残缺的教学。只有把语言教学与文化教学合二为一，或寓文化教学于语言教学之中，才是现代意义上的完全的教学——这是从教育理念上说的。另外，从语言与文化水乳交融的固有的内在关系看，兼容是一种必然，人为地割裂则违背语言与文化关系的本质，也背离语言教学的规律。语言是“符号的文化”，是文化的一种表现形式，而文化则是包括符号文化在内的“人化”。它们之间的关系是我中有你、你中有我，相互兼容又相互制约，不可分离。

三、语言教学与文化教学相结合的条件

要使英语教学过程中语言教学与文化教学有机结合，仅有主观认识上的到位是不够的，更重要的还要有必要的物质上的支撑。二者的结合离不开作为物质的语言、文化，以及作为催化剂的教师的支撑。

实践证明，制约语言教学与文化教学有机结合的因素很多。其中，最主要的影响因素有三个：一是要有相应的“硬件”保障（此处的“硬件”是指物质条件，主要是指作为教学依据的语言教学材料，即如何给英语教学提供一套既适合语言教学又适合文化教学的综

① 盛炎．语言教学原理 [M]. 重庆：重庆出版社，1990.

② 同①．

合性教材）;二是教师的跨文化交流素养;三是要正确处理语言教学和文化教学之间的关系。

（一）一套适合文化教学的教材

从我国现行的几套主要英语教材看，这些教材尽管在编审过程中已经注意到了语言文化材料的选择和增加语言文化知识等问题，如选编一些典型的语言文化课文，在课文后对语言材料做文化背景注释，加强语言材料的交际性和实用性等；但就总体而言，它们在揭示和体现语言文化内容方面仍是不够的：一是没有确定语言文化知识的最低量，选材时过多地考虑了材料的难易程度和语法项目的安排；二是没有对语言文化知识的掌握做出明确的规定和要求，而只是作为教学的一种辅助性工具；三是语言文化的注释范围过于狭窄，内容也比较简单，仅限于专有名词和习惯用语等；四是没有列出语言文化知识的专项或综合练习等。从以上四个方面可以看出，现行教材在总体设计上遵循的依然是“知识性语言教材”的传统思路，而不是“交际性语言文化教材”的新思路。

从这些教材的教学内容、教学范围和教学层次看，这些教材在文化体现问题上还存在以下几个共同的缺陷：

1. 缺乏系统性

一是教材对语言文化知识的介绍缺乏统一的总体设计；二是没有按照教学阶段来设置语言文化内容，这些语言文化内容零散和不均匀地分布于各册教材之中，使教师难以把握文化介绍的范围以及“量”和“度”；三是没有从交际最一般的形式入手去揭示跨文化交流中最容易出现的“文化误解”和“文化冲突”的内容。

2. 缺乏层次性

在语言教材中体现文化内容时，应当充分考虑英语教学的层次。基础阶段教学的中心任务应该是“打好语言基本功”，介绍文化应主要集中在语言的和非语言的“浅层文化”范围内，在提高阶段应转入以语言交际能力为主的培养。

3. 缺乏准确性

有的教材对语言文化内容的介绍不全是准确无误的，主要表现在侧重“纯国情知识”，即知识文化的介绍，如某城市的历史及人文地理、社会发展等情况，而对“语言的文化背景”即交际文化的内容则往往介绍不够或干脆“不予提及”。准确的语言文化介绍或注释，应在语言本身包含的文化背景知识上多做文章，给学生交代语言及语言使用中的文化内涵及文化伴随意义。

以上是就总体情况而言的，实际上每套教材的具体情况各不相同，有的选材较好，所选语言教材中含有大量语言文化信息，因而便于语言文化教学；有的选材本身就有问题，难以按文化背景原则显示其文化内涵。

（二）教师的跨文化交流素养和意识

显然，仅仅有语言材料，却不能运用相应的教学方法，或师、生两主体尤其是教师缺乏应有的文化素养和文化洞察力，也是很难将语言教学与文化教学有机结合到一起的。

课堂教学一直是学生学习英语的主渠道。随着社会对外语运用能力的要求越来越高，外语教师所肩负的责任也越来越大，承担着语言教学和文化传播的双重任务。要想做好英语教学中的文化教学，教师不但应有深厚的语言功底，还必须具备较高的英语文化和汉文化的修养和很强的跨文化意识。在教学中，英语教师要将这些文化和意识传授给学生，使其内化于思维之中并能服务于语言运用，这样的英语教学对教师的素质提出了更高的要求。为此，英语教师要不断加强自身业务学习，提高自己有关东西方文化的综合素质，提高自己的跨文化交流意识，只有这样才能担负起在英语教学中进行文化教学的历史重任。

（三）正确处理语言教学与文化教学的关系

正确处理语言教学与文化教学的相互关系，同样也是做好英语教学的必备条件之一。首先，要摆正语言教学和文化教学的位置，既不可用语言教学来替代文化教学，犯“文化缺乏症”；也不可“本末倒置”，以文化教学来冲击语言教学，犯“泛文化症”。就此，笔者想强调以下两点：一是在英语教学中，语言教学过去是、现在是、将来也必定是最主要的一环，但同时还应该有背景知识的文化教学，两者不可偏废；二是在英语教学中，教师往往习惯于重视显性的语言，而忽视隐性的文化，因而着重强调文化教学的重要性，在一定的阶段是对的，也是必要的，但必须有个“度”，任何时候都不能过“度”。其次，要正确处理语言教学与文化教学的关系，英语教师需要从宏观出发，真正从理论上认清语言与文化、语言能力与跨文化交际能力，以及英语学科与其他有关学科之间的关系。唯有这样，语言与文化教学才能真正合二为一、齐头并进。

四、英语教学中跨文化交际意识的培养

在英语教学中，跨文化意识的培养是正确处理语言教学与文化教学关系的重要“软件”建设之一，它的重要性和必要性是不言而喻的。在过去相当长的一段时期，由于种种原因，我国的英语教学重语言形式、轻文化因素，这种现象在教学的各个环节都相当普遍，从而使相当多的教师形成了较为固定的思维定式和教学模式：注重的只是学生对语言形式的掌握是否正确，或语言使用是否流畅，而较少注意学生跨文化条件下语用能力和行为能力的培养。自 20 世纪 80 年代中期起，随着语言与文化研究领域大量新理论、新概念的引进，以及新的语言学理论在教学中的逐步应用，我国英语教学界对文化教学在英语教学中的重要性和必要性的认识有了长足的提高，甚至可以说是质的飞跃。然而，认识的提高并不能说明英语教师已经具备了这方面应有的素质。重视英语教学中文化因素的教学，重视学生跨文化交际能力的培养，不是靠英语教师“有意识”或“有意注意”就能顺利实现的，这里还有个如何上升到“无意识”或“无意注意”高度的问题，即跨文化交际意识的培养问题。所谓跨文化交际意识的培养，主要是指用现代语言文化学理论的基本观点来指导具体教学，使教学内容、教学方法和教学过程符合培养目标要求。这无疑是摆在教师面前的重要课题。

培养跨文化交际意识，实际上是要建立现代英语教育的一种新理念。显然，高素质英

语人才的培养需要有新的教学内容、教学方法和新的教育理念予以支持和保障；否则，培养目标的实现就会成为一句空话。

从英语教学的性质、规律和跨文化交际的具体要求看，笔者以为培养师生的所谓跨文化交际意识主要有以下几个方面的内容：

（一）教师和学生双主体意识的培养

教学的过程是作为“教”的主体的教师和作为“学”的主体的学生双向交际的过程，离开两主体的双向交际，而只局限于其中的任何一方，都难以有效达成教学目的。跨文化交际意识的培养也是如此。过去往往只调整教师主体在教学中的主导作用，而忽视另一主体学生的积极性和创造性，实践证明这是有百害而无一利的。因此说，跨文化交际意识应该是一种双向的意识，不但教师要有，学生更应该有，从而使教师既是语言教师，还是文化教师；学生既是学语言的学生，还是学文化的学生。

（二）交际意识的培养

交际是语言最基本的功能，也是英语教学的实质体现。跨文化交际如果脱离交际这一英语教学的核心，就失去了其存在的意义。如果在教学中的师、生两个主体缺乏强烈的交际意识，即不从交际的目的以及交际的形式出发去理解和把握英语教学的全过程，则势必会削弱教学基本功能的发挥，影响学生跨文化交际能力的生成和提高。从教学内容和教学形式上看，就会有意无意地走“老路”，把注意力集中在纯语言知识的掌握或纯语言形式的教学上，而不去注重学生跨文化条件下综合运用语言能力的培养。因此，培养交际意识是首要任务。

（三）文化对比意识的培养

文化对比意识的培养是指对目的语与母语、目的语文化与母语文化进行对比的意识。只有对比才能发现差异，才可有的放矢地进行语言与文化知识的教学。对比不能仅限于表层的形式，还应该有深层的内涵对比；不仅要进行语言的对比，还要进行非语言的对比；不仅要做语言、非语言形式与意义的对比，还要做言语交际行为的形式与意义的对比。对比的目的主要是发现异同，以便跨文化交流顺利进行。

（四）对文化敏锐的洞察力

语言或语言使用中包含许多文化因素，有些是显性的，但更多的是隐性的，属深层次的文化背景知识。教师在教学中如果对此缺乏应有认识，就难以揭示语言中深刻的文化内涵。这就要求教师对文化因素要有相当的敏感度，尤其是对文化相关现象的洞察，切不可被貌似相同的形式和相同的意义等表面现象所迷惑。另外，洞察意识还要求教师正确区分教学中两种不同功能的文化因素，即什么是知识文化，什么是交际文化，以便有针对性地进行交际文化教学。当然，是否有洞察意识还取决于师生两个主体本身文化素养的高低。因而，教师只有大力提高自身的文化素质，尤其是两种语言的文化素质，才是确保具备洞察意识的关键。

（五）文化鉴别能力

文化鉴别能力包括两个方面：一是去伪存真；二是去粗取精。所谓去伪存真，就是从纷繁多样的文化因素中，去掉虚假的、表面的东西，而保留真实的、典型的东西。也就是说，对于交际文化因素要选择那些具有真实和典型意义的部分，即能如实反映目的语国家现实的材料，而不是虚假的或孤立的、属个别现象的材料。所谓去粗取精，就是通过有目的的选择，除去文化因素中消极的、糟粕的部分，而留取积极的、精华的部分。这一点对英语教师来说至关重要。因为语言除了有交际功能、文化载蓄功能外，还有其特有的教育教养功能。英语教师切不可不加分辨，一味地照搬照抄。对于西方文化，英语教师应有足够的鉴别能力。

（六）存我意识

西方语言教学界流行这样一句话："一旦学了一种英语，你便再不是原来的你了。"它说明这样一个事实：在英语教学中通常会出现"文化化"现象，即自觉不自觉地用目的语文化的思维方式和表达方式来"规约"自己的言语行为。究其原因，是学习者在"学习英语时几乎每时每刻都要理解生活在另一种文化中的人"。当然，单从掌握语言的角度看这是对的，也是英语教学目的所要求的；但如果从文化角度看，这就不一定合适了。失去自我文化而一味地追求目的语文化绝不是正常现象。跨文化交际是语言与文化的双向交际，如果完全失去"我"的文化的交际岂不变成了单向文化交际？因此，笔者认为在英语教学中保留一定的自我文化是必要的，大可不必以牺牲自我文化而求取目的语文化。在这个方面，英语教师要进行正确引导，使学生具有"存我意识"。

第三节　英语教学中文化教学体系的构建

一、语言文化教学的几种模式

（一）语言文化教学的"分离式"

在西方，对语言教学中文化因素的重视可以追溯到19世纪末。在美国现代语言协会起草的一份报告中，第一次提到欧洲文化应作为欧洲语言教学的一部分。此后，在英国，一个由首相指定的国家委员会根据他们的工作起草了一份名为《现代学习》的报告，该报告对文化因素尤为强调。第二次世界大战后，文化教学受到各国语言教学界的普遍重视，其涵盖的范围也更广泛，从"大写的字母C文化"扩展到"小写的字母c文化"，将人们的生活方式、行为规范、风俗习惯和社会关系等也包容进来。但是，在语言教学的交际法兴起之前，语言文化教学基本上是一种"分离式"：将文化看作是一种可以与语言剥离开来的“知识”，在语言教育的课程设置中加入这一“知识”课程。反映在语言教学的实践中，往往体现为两大倾向：一是重语、轻文；二是重语法形式、轻功能内容。这也是我国传统英语教学的典型做法。

（二）语言文化教学的“附加式”

语言教学交际法的引入并盛行使我国的英语教学经历了一场持久且深刻的变革。语言与文化的“研究热”推动着语言文化教学进入一个新的阶段。越来越多的英语教育工作者意识到文化教学是英语教育不可分离的部分。在当前的英语教学中，一个越来越为人们所普遍接受的观点是，成功的二语习得与第二文化习得是相辅相成的。

语言教学交际法将文化视为“行为”，以培养学生的“交际能力”为目标，这种做法能很好地革除传统英语教学中常见的“哑巴英语”和“聋人英语”的弊端。但在当前的语言文化教学实践中，还是存在一个认识上的“误区”，那就是将“文化”看作是在听、说、读、写“语言四会”能力之外的“第五技能”。也就是说，这种语言文化教学模式仍然是将文化附着于语言教学上的“附加式”。有必要指出的是，这种文化教学的“附加式”与交际法的几个经典文件对文化教学的认识不无关系。卡纳尔（Canale）和斯温纳（Swain）交际能力一分为三，即语言能力、社会文化能力和交际策略。国内学者在论及语言文化教学时常采用“英语教学中的文化导入”或“英语教学中文化因素的处理”等论题。这充分说明，虽然文化在英语教学中的重大作用已为人们所普遍认同，但人们还是习惯将文化作为英语教学的一个附加部分来处理。

（三）语言文化教学的“融合观”

长期以来，在语言文化教学中，人们都持语言或文化二分的观点。这种“二分法”可以在语言研究和语言教育的历史中找到其历史渊源：现代语言学之父弗迪南·德·索绪尔（Ferdinand de Saussure）在奠定现代语言学基础时采取的就是语言或言语二分法；语言学大师艾弗拉姆·诺姆·乔姆斯基（Avram Noam Chomsky）也将语言分为语言能力和语言运用。但在语言文化教学中是否同样适合采取这种“二分法”呢?

笔者认为，在语言文化教学实践中，认识到以下几点至关重要：首先，文化不应当仅仅被视为“知识”或“行为”，还应当被视为“意义”。语言文化教学是对“意义”的动态理解过程。其次，虽然在教学方式上可以将语言与文化两者“分而治之”，但不应将两者割裂开来，而应时刻注意语言与文化之间的内在联系。再次，要充分发挥交际教学法的优势，以交际为契合点，将语言形式与文化内容有机地结合起来。最后，在教学实践中，要重视教学的过程，努力做到语言教学的过程同时也就是文化教学的过程。

二、英语教学中文化教学的目标定位

（一）增强跨文化交流意识

长期以来，第二语言和文化习得被认为是一个归化于“目的语文化”的过程。就二语习得来说，近似本族人的语言地道性也许无可厚非，但就第二文化习得而言，归化于“目的语文化”的“文化同化”现象不应当视为英语教学的成功之处。事实上，不仅习得者自己对这种“文化同化”在情感上很难接受，目的语社会也同样不一定会接受所谓“同化”了的英语习得者。

笔者认为，文化教学的目的并不是要让学习者变得越来越“外国化”，而是要通过外国语言文化学习的“跨文化对话”让学习者具备跨文化的交流意识和理解意识，做到母语文化与第二文化的互动。

（二）文化融合的目标：1+1 ＞ 2

在目的语的学习过程中，目的语与母语的水平相得益彰，目的语文化与母语文化的鉴赏能力相互促进，学习者自身的潜能得以充分发挥。笔者认为，这种“生产性”的学习模式对英语教学中的文化教学来说同样是一种最佳模式。从前文的分析中可以看出，英语教学中的文化教学目标并不是要让学习者归化于目的语文化（“削减性学习”），也不是两种文化在学习者身上的简单累加（“附加性学习”），而是要让母语文化和第二文化在学习者身上形成互动（interaction），让学习者具备文化创造力。

三、英语教学中文化教学体系的构建

英语教学不应只停留在听、说、读、写四项基本语言技能的培养上，而应以交际能力的培养为目标，这种观点已为当前英语教育界所普遍认同。“英语教学的任务是培养在具有不同文化背景的人们之间进行交际的人才”①。但正如国内英语界很多人所指出的那样，“在我国英语教学中，英语的文化因素，特别是交际文化，在很长时间内未得到应有的重视”②。当前国内学生的英语交际能力与他们在英语考试中的高分并不相称的现象，在很大程度上要归因于学生对跨文化因素的掌握不够。

（一）构建英语教学中文化教学体系的必要性

在外籍教师中所做的一项调查显示，约有 93% 的外籍教师认为，他们与中国学生之间存在文化差异，并认为应该把对这种差距的认识当作教学的一个目标；约 53% 的外教认为，“文化错误”（大多数以英语为母语的人觉得不合适或不能接受的语言行为）要比语法错误更难以接受。由此可见，跨文化因素在英语交际中直接关系着交际行为的成败。但到目前为止，国内学生对跨文化因素普遍掌握不够。笔者认为，主要有两方面原因促成了这一现状。

（1）国内英语教育界长期以来对与英语教学密切相关的文化教学不够重视。过去，英语教师一直受语法翻译法、听说法等主导教学思想的影响，重视语言形式，而不重视语言运用，对语言习得与文化习得的密切关系没有充分的认识。即便是在目前的交际法教学实践中，“穿新鞋，走老路”的情况实际还在一定程度上存在着，英语教师往往习惯于把重

① 戚雨村．现代语言学的特点和发展趋势 [M]. 上海：上海外语教育出版社，1997.

② 顾嘉祖．跨文化交际 外国语言文学中的隐蔽文化 [M]. 南京：南京师范大学出版社，2000.

点放在语言形式的教学上，而对交际能力的培养和跨文化因素的教学则流于形式。

（2）与国内语言理论研究重点的导向和语言与文化研究的现状有关。在过去一个时期，国内语言学研究以内部语言学为主流，语言的结构形式也就成为英语教学的重点。近十多年来，外部语言学的研究（包括语言与文化及跨文化交际的研究）逐渐兴盛，于是英语教学中的文化问题也日益引起研究者的重视。虽然语言与文化的相关研究正在向更深层次发展，但总的来说，研究的系统性和深度还不够。而且，尽管高校和中小学教师中有不少人去过英语国家考察，但他们的数量占整个英语教师的总数量的比例尚小，许多英语教师仍然缺乏对英语国家文化的实际感受。

由此可见，由于英语教师在观念上对跨文化因素的教学不够重视，缺乏系统的理论研究作为基础，英语教学中的文化教学已成为公认的难题之一。因此，英语教师在教学思想上加强对文化教学的重视，同时加强语言与文化研究的系统性，并构建英语教学中的文化教学体系，已成为目前亟待解决的一个问题。

（二）构建英语教学中文化教学体系的可行性

正如前文所说，文化的意义很宽泛，这种研究对象的复杂性使得语言与文化的研究较难形成体系。但是否因为这样，英语教学中文化体系的构建就不可行了呢？笔者认为，并非如此，主要有以下两方面的理由：

（1）文化虽然意义宽泛，但并非不可把握。文化研究者发现，每种文化都有反映其本质的“文化核心”。所谓“文化核心”，“是由一套传统观念，尤其是价值系统构成的”①。语言与文化的研究往往以此为根本出发点，最终又以此为归宿。因此，这种可以把握的“文化核心”的内容即可成为构建文化体系的基础。

（2）英语教学中的文化因素主要涉及“交际文化”。“交际文化”指的是“两个不同文化背景的人进行交际时，直接影响信息准确传递（引起偏差或误解）的语言和非语言的文化因素”②。在语言与文化研究中和在英语教学领域内对这部分“交际文化”进行系统总结是切实可行的。

（三）构建教学体系的基本原则

构建英语教学中的文化体系，既要注意体系构建的科学性，又要着眼于这一体系在英语教学实践中的可操作性。为此，笔者提出以下几条原则：

1. 重点突出

在国内的语言文化研究中存在这样一种现象：简单罗列中外文化对比的种种细节，而不加以系统的科学考察；更有甚者，做出的只是一些牵强附会的“对比”。在构建英语教育中的文化体系时，应避免这种倾向。教师要系统归纳影响英语交际能否有效进行的跨文化因素，以利于教学实践的操作。

---

① 耿龙明 . 翻译论丛 [M]. 上海：上海外语教育出版社，1998.

② 张占一 . 试议交际文化和知识文化 [J]. 语言教学与研究，1990（3）：15-32.

2. 注意这个体系与语言体系的密切联系

语言与文化如水乳交融，切不可割裂开来。文化体系的各方面要能渗透到语言教学的各环节中去，使两者有机结合。

3. 对比中外文化的异同

跨文化交际是为了交流，为了增进相互理解而进行的一种“对话”。英语教师重视文化差异，并不是为了简单的排斥或盲目的模仿，而是要让学生具备跨文化的交流意识和理解意识。

4. 要构建一个开放式的体系

文化始终处于多元状态和变化发展之中，试图对文化做归纳性的描述，多少会有“一家之言”的倾向。鉴于此，英语教师应尽量少做规定式的构建，以免有让学生形成“文化定式”的倾向。

（四）文化体系的基本内容

英语教学中的文化教学体系应以英语民族的交际文化为突破口，以公开的文化和隐蔽的文化为主线，并注意对比与本民族相关的交际文化。作为一个完整的体系，文化教学体系应涵盖以下三方面的基本内容：跨文化交际模式；目的语文化背景知识；目的语的民族心理、价值观念和思维方式等。

国内的语言与文化，以及跨文化交际的研究涉及以上几个方面，并有大量的研究成果，较有代表性的有胡文仲、贾玉新等关于“跨文化交际”的系列论著，王宗炎主编的“外国语与外国语言文化丛书”，邓炎昌和顾嘉祖同名为《语言与文化》的两部论著，以及关于中英语言文化对比的系列论著等。充分参考国内已面世的这些相关研究成果，并按以上三个方面加以系统总结，不失为当前英语教学中文化体系构建的一条可行之路。

以上三大方面内容可分别应用于文化教学的不同阶段。在英语教学的“初级阶段”（中学），文化教学应以“跨文化交际模式”为主，主要包括典型的语言、非语言交际模式和主要的社会语用规则。在英语教学的“中级阶段”（大学非英语专业和英语专业低年级），文化教学应以教授“目的语文化背景知识”为主，主要包括语言（特别是词语）的文化内涵、语体文化，以及英语国家的人文地理、风俗习惯。在英语教学的“高级阶段”（英语专业高年级），文化教学应以了解“目的语的民族心理、价值观念和思维方式”为主，这一阶段的内容涉及深层和隐蔽的文化，如英语民族的时间观、空间观和价值观等；教学目标较前两个阶段也有所改变，主要着眼于培养学生的文化洞察力、文化理解力乃至文化创造力，即能够实现两种文化之间的互动。

当然，所谓“阶段侧重”，并不意味着几方面内容的截然分开。其实，作为文化体系的组成部分，这三方面的内容是相互交融的。而且，英语教学的每一阶段都有可能涉及这三方面的内容。构建英语教学中的文化教学体系尽管是一项较为复杂的系统工程，但它不仅可以促使语言和文化研究更具有系统性，而且有利于英语教师和学生对文化进行系统的教学和学习，进而提高学生运用英语进行跨文化交际的能力。这一体系的构建成形必将促进英语教育中文化大纲的制定，填补我国只有词汇、语法、功能大纲，而没有文化大纲的空白。这对于消除我国英语教学中的积弊，提高英语教育水平，有着深远的意义。

第十一章　英语教学评价策略研究

第一节　评价的目的、目标和意义

一、评价的目的及目标

评价是一种价值判断的活动，是对客体满足主体需要程度的判断。评价不应过分强调甄别和选拔功能，而应促进学生的发展。

评价的目的因人而异：

（1）管理人员为教育提供了人力和财力，他们想知道究竟他们的计划是否顺利进行，唯一的途径是了解学生在课程学习中实施的情况如何。如果评价的结果与他们所期待的不同，他们就会调整计划，以便日后能更好地完成任务。

（2）教师把管理人员的计划付诸实施，他们想知道在教学过程中已做了些什么，下一步该做什么；学生已经掌握的或能做的东西、不知道或不能做的东西。如果希望计划顺利地进行，在很大程度上得看教师能否最终实现计划的表现。

（3）没有人会比家长更想知道自己的孩子在学校学得怎样，家长不能看见学生在课堂上的表现，他们得从学校和教师对孩子表现的反馈中做出评价。

（4）学生想知道他们完成任务的情况，还想知道他们今后该怎么做，以便从自己的成功中获得信心和满足感。

二、评价的意义

美国评估学者斯塔弗尔比姆（L. D. Stufflebeam）明确提出："评价最重要的意图不是为了证明，而是为了改进。"这一观点强调了评价的改进功能。改进的过程就是一个发展的过程，发展性评价的目的是着眼于学生未来的发展。而学生要改进和发展的要素很多，包括追求综合素质的发展，因而评价内容也要是多种结构的，从而使评价从单一的纸笔考试转变为多元化评价。中小学生发展评价的目标是使学生实现自我发展。人最高层次的需求是"自我实现的需要"，所以，学生发展评价应充分考虑学生的需要，多元化的评价就是满足每个学生的需要。

（1）评价目的从甄别选拔转变到发展上来，进行发展性评价的研究，这是激励学生进行自我教育的一种有效方式。它意味着评价要把握学生的差异性，从思想上、情感上、行动上接纳智力不同、兴趣爱好不同、个性心理品质不同的学生；意味着将评价视为一种积极而及时地诊断问题、总结成绩、改进教学目标、优化教学方案、激励学生成功的手段。

这就允许不同智能结构的学生根据自己的感觉选择展示的方法，以显示自己对教材的理解程度。评价使学生学习的兴奋点与其拥有的能力相一致，使每个人都各得其所，最大限度地发挥了学生的潜能，体现“以人为本”的精神。

（2）评价方式从终结性转变为过程性评价，即评价必须包括学习过程，并具有真实性情境。加德纳明确指出，学习过程应该是评价的重要组成部分，它能够反映学生是如何思考的，即智能状况，也能够达到全面了解学习历程、激励学生学习、改进教师教学的目的。评价过程应成为一种激励机制，同时使评价的主体从“他评”转变为将学生自评、生生互评、师生互评结合起来，实现评价主体的多元化，使评价成为学生发展自我认识、自我教育、自我管理和自我激励以及同伴激励的手段。教师应通过评价培养学生的兴趣、增强学生的自信、使学生学会合作、使学生负起责任，从而调动学生自主发展的动力。

（3）评价内容从单一的纸笔考试转变为评价的主体、内容、目标、方法的多元化，让每个学生自主开发潜能，全面落实新课程改革的评价理念。对学生的评价不应只注重“双基水平”，还应评价每个学生综合素质的发展。一是实现评价内容目标的多元化；二是运用多种不同方法，实现教学评价方法的多元化，使评价方法走向多元开放。多元评价承担了诱发或唤醒每个层次学生潜能的任务。多元的评价内容、目标、方法提供了各种机会使学生选择能够展示自己潜能状况的检测题目，尽力展示自己的智能长项，在成功中增强自信，获得学习的快乐感并不断进取，激发学生超越自我和超越已知的创新精神，这符合素质教育的要义。

（4）评价的方法与手段从质性评定与量化评定分离，走向质性评定与量化评定的有机结合。例如，真实情境性评价内容将以质性评定取代单纯量化评定。教师的评语既有质的规定又有量的精确性，反映学生昨天、今天、明天三点的变迁，反映学生的个体差异和优缺点。评价的语言是具体的、充满情感的、富于激励性的，是形成师生情感沟通的“感情链”，要让每个学生的潜能自由、充分、全面、和谐、持续发展，改变基础教育缺少人文关怀的倾向。评价从游离教与学的过程转变为教、学、评的统一，使评价与教学过程相结合。评价的知识内容是值得深刻理解的核心概念，应是学生选择和确定的接近最近发展区的学习目标。评价的问题要具有挑战性，能够激发学生进一步探索的兴趣和积极性，不但能够促进“双基”的落实、智能的发展，还有利于培养学生积极的学习心态，使学生养成良好的学习习惯和对自己学业负责的情感。这是多元智能教学策略的体现，也落实了“情感态度价值观”培养的教育目标。

（5）评价要促进学生主体地位的回归，培养学生的实践创新能力；形成评价反馈激励机制，培养学生对学业负责的情感。总之，评价可以促进课堂教学质量的提高。

第二节 评价的分类

教育评价是指根据一定的教育目标，运用可行的科学手段，对教育现象及其效果进行价值判断，从而为教育决策提供教育依据，以改进教育服务的过程。可以将教育评价分为不同的类型，常见的分类有：根据评价对象的层次和内容，可分为宏观评价和微观评价；根据内容的复合程度，可分为单项评价和综合评价；根据评价的功能和用途，可分为诊断性评价、形成性评价和终结性评价；根据评价参照的标准，可分为相对评价、绝对评价和个体内差异评价；根据评价主体，可分为他人评价和自我评价；根据评价方法，可分为定性评价和定量评价。

一、按评价基准分类

按评价基准分类，教学评价可分为相对评价和绝对评价。

（一）相对评价

相对评价是在被评价对象的集合中选取一个或若干个个体作为基准，然后把各个评价对象与基准进行比较，确定每个评价对象在集合中所处的相对位置。

为相对评价进行的测验一般称为“常模参照测验”。它的试题取样范围广泛，测验成绩表明了学生学习的相对等级。由于所谓的常模实际上近似学生群体的平均水平，所以这种测验的成绩分布符合正态分布规律。

利用相对评价来了解学生的总体表现和学生之间的差异，或比较不同群体间学习成绩的优劣是相当不错的。它的缺点是基准会随着群体的不同而发生变化，因而易使评价标准偏离教学目标，不能充分反映教学的优缺点，不易为改进教学提供依据。

（二）绝对评价

绝对评价是在被评价对象的集合之外确定一个标准，这个标准称为“客观标准”。评价时把评价对象与客观标准进行比较，从而判断评价对象的优劣。评价标准一般是教学大纲以及由此确定的评判细则。

为绝对评价进行的测验一般称为“标准参照测验”。它的试题取样就是预先规定的教学目标，测验成绩主要表明教学目标的达到程度，所以这种测验的成绩分布通常是偏态的。低分多高分少，为正偏态；低分少高分多，为负偏态。

绝对评价的标准比较客观。如果评价是准确的，那么评价之后每个被评价者都可以明确自己与客观标准的差距，从而可以激励被评价者积极上进。但是，绝对评价也有缺点，最主要的缺点是客观标准很难做到客观，容易受评价者原有经验和主观意愿的影响。

二、按评价功能分类

按评价功能分类，教学评价可分为诊断性评价、形成性评价和总结性评价。

（一）诊断性评价

这种评价也称为“教学前评价”或“前置评价”，一般是在某项活动开始之前，为使计划更有效地实施而进行的评价。通过诊断性评价，教师可以了解学生学习的准备情况，也可以了解学生学习困难的原因，由此决定对学生的适当对待。

教师要想制定适合每个学生的特点和需要的有效教学策略，就必须了解学生，了解他们的知识储备，了解他们的技能和能力水平，了解他们对所要学习的学科的态度和现有水平，了解导致学生学习成功或失败的原因等。教师了解学生的手段之一，就是对学生进行诊断性测试。不过，教育中的“诊断”含义较广，不仅包括查明、辨认和确定学生的不足和“病症”，也包括对学生的优点和特殊才能进行识别。教育诊断的目的，即在了解学生的基础上“长善救失”，帮助学生在原有的基础上和在可能的范围内获得最大的进步。

对学生的诊断不仅可以单独设计和进行，而且可以利用总结性评价和形成性评价的结果来设计和进行。

诊断性评价的用途在于主要包括：

1. 确定学生的入学准备程度

学校和教师如果打算让每个学生都喜欢学校学习并积极参与教学活动，就必须通过诊断性测试和其他方式了解学生的入学准备程度，据此确定每个学生的教学起点并采取相应的补救性措施，或给学生以情感方面的关心和支持。

2. 决定对学生的适当安置

同一年级的学生在知识储备能力、能力倾向、学习风格、志向抱负和性格等方面都有差别。因此，根据学生的个别差异对学生划分层次，是教师组织教学活动的前提，也是使每个学生获得充分发展的必要条件。

3. 辨识造成学生学习困难的原因

教师必须借助各种手段（包括诊断性测验）设法查明学生不能从教学中获益的原因。通过各种考试（考查）、同其他教师一起进行教育会诊或请教有关方面的专家（如心理学家、医生等）进行诊治分析是常用的诊断方法。

（二）形成性评价

形成性评价是在教学过程中，为引导教学前进或使教学更为完善而进行的对学生学习结果的确定。教师通过形成性评价能够及时了解阶段教学的结果和学生学习的进展情况、存在的问题等，以便及时反馈、调整和改进教学工作。形成性评价使用的较频繁，如一个单元活动结束时的评估、一个章节后的小测验等。形成性评价一般又是绝对评价，即它着重于判断前期工作达到目标的情况。对于提高教学质量来说，教师重视形成性评价比重视总结性评价更有实际意义。

第一，形成性评价与总结性评价不同，形成性评价的主要目的不是给学生评定等级成绩或证明，而是改进学生完成学习任务所必备的主客观条件。第二，形成性评价的测试次数比较频繁，主要在一个单元、课题或新的概念和原理、新的技能的初步教学完成后进行。正是这一点，才使其能及时为师生提供必要的反馈。第三，形成性评价的概括性水平不如总结性评价高，每次测验的内容范围较小，主要是单元掌握和学习进步测试。这类评价旨在确定每一个学生在单元学习中已经掌握的内容，以及为了顺利进行下一步学习还须掌握的内容，并帮助每一个学生学会那些他们本应掌握而尚未掌握的要点。

简言之，总结性评价侧重确定已完成的教学效果，是“回顾式”的；形成性评价侧重教学的改进和不断完善，是“前瞻式”的。

就形成性评价的设计和实施来看，最重要的是，反馈一定得伴随有各项改正程序，以便使学生为今后的学习任务做好充分准备。这些改正程序包括给学生提供内容相同但编写形式不同的教材和教学参考书；由几个学生互相讨论和复习有关的教材内容；教师对学生进行个别辅导以及由家长对子女进行辅导；等等。

形成性评价的用途包括：

1. 改进学生的学习

形成性测试的结果可以表明学生在掌握教材中存在的缺陷和在学习过程中碰到的难点。当教师将批改过的试卷发给学生并由学生对照正确答案自我检查时，学生就能了解这些缺陷和难点，并根据教师的批语进行改正。有时，当某个或某些题目全班大多数或一部分学生答错时，教师可以立即组织学生复习，重新讲解构成这些测试题的结构或概念；如有可能，教师应该用不同于先前的教学方式进行复习。当有些错误只存在于个别学生身上时，教师可提供符合其特点的纠正途径，或者指定其自修教科书的相应内容，或者对其进行个别辅导，或者由两三名学生组成小组讨论。

2. 为学生的学习定步

用评价结果为学生的学习定步是形成性评价的另一个有效用途。英语学科的教学通常是以循序渐进、相互联系的学习单元进行的，学生对前一个单元的掌握往往是学习下一个单元的基础。形成性评价可以用来确定学生对前面单元的掌握程度，并据此确定该名学生下一单元的学习任务和速度。如果形成性测试能有计划地进行，就可使学生一步步地（一个单元接一个单元）掌握预定的教学内容。

如果教师要使用形成性评价为学生的学习定步，那么最重要的是，教师应对课程进行分析，划分能构成层次序列的各个单元的学习任务，并制订与各单元教学进度一致的测试计划。

3. 强化学生的学习

形成性评价的结果可以对已经完成或接近完成某一单元学习任务的学生起积极的强化作用。正面的肯定，一方面通过学生的情感反应加强了学生进一步学习的动机和积极性，另一方面也通过学生的认知反应加固了学生对词汇、语法、结构和功能的认识。

要使形成性评价发挥这种强化作用，重要的一点是，形成性测试不能只是简单地打分数，教师应通过适当的形式让学生较容易地知道自己是否已掌握该单元的学习内容。教师要经常提供肯定的或鼓励性的评语，使学生保持成功的自信心，以饱满的情绪投入学习。

4. 给教师提供反馈

形成性评价可以给教师提供有关其教学效果的必要反馈。通过对形成性测试结果的分析，教师可以了解自己的教学目的是否明确、教材的组织和呈现是否有结构性、讲授是否清晰并引导了学生的思路、语言结构是否有效地完成了功能任务、使用的教学手段是否恰当等。这些信息的获得将有助于教师重新设计和改进自己的教学内容、方法和形式。

要把形成性评价用于改进教学，首先，教师应把测试引向提供信息，而不要把它作为简单地鼓励学生学习或为终结性评价收集资料的手段。其次，教师应把形成性测试与对学生的日常观察结果结合起来，与从学生的课堂行为中获得经常性反馈结合起来，从而清楚地了解自己的教学。再次，教师应仔细地分析测试的结果，逐项鉴别学生对每个问题的回答情况。如果班上大多数或相当一部分学生对某个试题的回答有误，那么就说明，教师的教学很可能在这个方面有问题，应及时予以调整。当然，在任务型教学中，为了追求交际的流畅性，教师对学生的口头错误往往持容忍态度。但教师要做好记录，在以后适当的时候进行纠正。

（三）总结性评价

总结性评价又称为“事后评价”，一般是在教学活动告一段落时为把握最终的活动成果而进行的评价。例如，学期末或学年末各门学科的考核、考试，目的是验明学生的学习是否达到了各科教学目标的要求。总结性评价注重的是教与学的结果，借此对被评价者所取得的成绩做出全面鉴定、区分等级，对整个教学方案的有效性做出评定。

总结性评价的首要目的是给学生评定成绩，并为学生做证明或提供关于某个教学方案是否有效的证据。

总结性评价的目的，是对学生在某个领域或某个重要部分上所取得的较大成果进行全面的确定，以便对学生的成绩予以评定或为安排学生提供依据。总结性评价着眼于学生对某门课程整个内容的掌握，注重测量学生达到该课程教学目标的程度。因此，总结性评价进行的次数不多或频率不高，一般是一学期或一学年进行两三次，期中、期末考查或考试以及毕业会考等均属此类。总结性评价的概括水平一般较高，考试或测验内容涵盖范围广，每个题目都包括许多构成该课题的基本知识、技能和能力。

总结性评价结果最常提到的用途包括：

1. 评定学生的学习成绩

在学校工作中，总结性评价最常见的用途是评定学生的学习成绩。教师通过日常观察和几次总结性考试，对学生的进步水平和达到的目标程度予以确定并给出分数，评级或写出评语。

总结性评价的成绩一般是几次总结性考试（考查）或作业得分的集合。在进行这类评价时，教师常常将几次得分综合起来并加权，从而得出学生在这段教程中的总成绩或平均成绩。

2. 预言学生在后续教程中成功的可能性

总结性评价的结果也常被用来预言学生在随后一门课程或一段教程的学习中是否可能取得成功。一般来说，在某门学科的总结性测评中，成绩好的学生大多在其他学科或该学科的其他部分的学习中也会取得好的成绩。由于青少年具有可塑性，所以，学生的成绩也具有易变性和波动性。学生的学习能力和学习结果并不是恒定的，学生在各个学习阶段的进步也不可能是匀速的。因此，教师在利用总结性考试结果预测学生的学习潜能时，务必谨慎小心。

3. 确定学生在后续教程中的学习起点

在这一点上，总结性评价的用途与形成性评价和诊断性评价基本相同。某个年级结束时的总结性评价结果，既可作为确定学生在下一个年级的教学中从何起步的依据，也可以反映学生在认知、情感和技能方面的学习准备程度。

不过，要使总结性评价的结果可以用来确定学生在后续教程中的学习起点，有一点是至关重要的，这就是，总结性评价不能只用分数或单一的综合等级分表示，而应伴随比较详细、具体的评语。教师最好是编制一份关于该学生学习成绩的“明细规格表”，用内容和行动这两个维度来表明学生已经掌握了哪些知识和技能，具备了哪些能力或进一步学习的先决条件。否则，单一的分数不可能给后续教程的教师提供有助于其确定学生学习起点的有用信息。

4. 证明学生掌握知识、技能的程度和能力水平

总结性评价的结果也可以用来证明学生是否已掌握了某些必备的知识和技能（至少在当时），并具备某些特殊的能力。中小学的各科总结性考试成绩就具有这种用途。由于种类考试把重点集中在某些特定内容的行为表现及其特点上，因此，测试题必须经过认真挑选，评定也必须具体。

5. 对学生的学习提供反馈

总结性评价大多在阶段教学任务完成时或期末进行。如果它测试的是学生在教程某一阶段上的学习结果，并且，测试题能反映学生对各个单元学习任务的掌握程度，那么，合理编制的总结性考试（考查）也可为学生提供有关其前一阶段学习情况的信息，从而起到反馈作用，要么鼓励，要么使之纠正前段学习中的错误或改进自己的学习方法。即使是期末进行的总结性考试，如果编制巧妙、评分得当，那么学生仍然可以从评价结果中获得有用的信息，了解自己对这门课程的掌握程度、存在的问题和难点，了解自己的成功之处。这些信息将有助于学生明确下一阶段或下一学期的努力方向并制定自己的学习目标。

要使总结性评价对学生的学习起积极的推动作用，关键的一点是，在综合的单一评分

中必须包括各个试题的分项得分，必要时教师还须给出评语和指导语。

三、按评价表达分类

按评价表达分类，教学评价可分为定性评价和定量评价。

（一）定性评价

定性评价是对评价资料做“质”的分析，是运用分析与综合、比较与分类、归纳与演绎等逻辑分析的方法，对评价所获得的数据、资料进行思维加工。分析的结果有两种：一种是描述性材料，数量化水平较低甚至毫无数量概念；另一种是与定量分析相结合而产生的，包含数量化但以描述性为主的材料。在一般情况下，定性评价不仅用于对成果或产品的检验分析，更重视对过程和要素相互关系的动态分析。

（二）定量评价

定量评价是从“量”的角度，运用统计分析、多元分析等数学方法，在复杂纷乱的评价数据中总结出规律性的结论。由于教学涉及人的因素，各种变量及其相互作用关系是比较复杂的，因此为了提示数据的特征和规律性，定量评价的方向、范围必须由定性评价来规定。

可以说，定性评价和定量评价是密不可分的，两者互为补充、相得益彰，不可片面强调一方面而忽视了另一方面。

当然，评价的出发点和标准不一，评价的类别也就各异。

第三节　评价质量分析

要想使教学评价优质，就必须确保评价的效度、信度和公平性。效度、信度和公平性是评价（测试）中极其重要的因素。测试的效度、信度和公平性的缺失将会使测试变得不可靠和无意义。

一、效度

一项测试只有能够准确地测试它所期望的测试内容才有效度（validity）。测试的效度包括内容效度、标准效度、构卷效度和表面效度等几种。

（一）内容效度

如果某一测试的所测内容是测试者希望的某种（些）语言技能的典型代表，那么该测试就具有内容效度（content validity）。例如，语法测试所测试的内容必须是语法，但它只有在包含相关的典型语法结构内容的情况下才能具有内容效度。相关的语法结构要根据测试的目的而定。为了保证测试具有内容效度，人们通常将需要测试的技能或结构详细描述出来，供出题者参考。

内容效度对测试来说十分重要。一般来说，内容效度越高，就越能精确地了解所要测试的内容。如果某一测试内容未能在测试中体现，就很难保证它的结果是准确的，而且这种测试极易产生负面反拨作用，因为测试中忽略的内容往往在教学中也被忽略了。

（二）标准效度

测试的效度还可以从另一个角度来证实，即将测试的结果与其他高信度测试的结果进行对比，看它们在多大程度上吻合。作为对比的其他测试的结果就成了检验现有测试效度的标准。这种测试的效度称为“标准效度”。

标准效度可分为两种：一种是同现效度；另一种是预测效度。同现效度是指两种测试同时举行后比较的结果。例如，教师要测试一组学生的口头表达能力，学生的需求都已经以各种语言功能的形式确定了，但如果学生必须完成所有的项目，每人至少要 45 分钟，这显然工作量过大，不切实际，于是教师就有将口试时间定为 10 分钟。这样就产生了一个问题：这 10 分钟能否准确地测试出学生完成所有各种功能的能力？换句话说，这一测试是否有效？从内容效度的角度来看，这取决于所测试的各种功能是否有足够的代表性。如果这一点得到了保证，教师就必须设法确定它的同现效度。教师可以在所有的学生中采取随机抽样的方式选择一组学生，这些学生将参加预定的 45 分钟的完整的口语测试。为保证评分的可靠性，教师可以组织一个 4 人以上的裁判小组。这一组学生的结果可作为 10 分钟测试的对比标准。然后，教师将这一组学生 45 分钟的测试结果与采用普通的评分方法的 10 分钟的测试结果进行比较，如果两者十分吻合，那就说明 10 分钟的测试具有同现效度。

预测效度主要是指测试预测学生未来实际能力的准确程度。例如，某一水平测试是为了确定某学生未来在英国某一大学学习某一研究生课程的能力，其预测效度的判定可以该生导师对该学生实际能力的判断或该生学习该课程的结果（通过或未通过）作为标准。

（三）构卷效度

构卷（construct）在这里是指语言能力理论中某种假想的能力组成部分，例如阅读能力中的根据上下文猜测词义的能力、写作能力中的标点使用能力、语域能力等就属于这种概念。如果可以证明某一测试或测试的某一部分能有效地测试这种能力，那么就可以认为它具有构卷效度。

确定某一测试是否具备构卷效度，关键是看对能力组成部分的理解。例如在测试学生的写作能力时，教师可以通过写作预测（pilot test），将得到的结果与真实的样本或结果对比，建立写作能力组成成分的对应关系。

（四）表面效度

表面效度被试主观上认为测验是否测量了所要测量的心理特性，而并不是一种真正的效度。表面效度影响被试的测验动机。例如，一个旨在测试学生的语音能力的测试如果不要求学生开口讲话，那就可能被认为是不具备表面效度的。教师、学生或教育行政部门往往对不具备表面效度的测试拒绝接受。因而，一些新的间接测试方法的使用必须借助有说服力的解释逐步推广。

以上简要讨论了测试的效度问题。任何测试都必须具有内容效度，并在可能的情况下，与实践经验中的某些标准相比，确认其测试某一能力概念的真正有效性。

二、信度

与测试效度密切相关的另一个重要概念是测试的信度（reliability）。

测试的信度可以分为两个方面，一是测试本身的可信度，二是评卷的可信度。

测试本身的信度主要与它的内部一致性有关。如果学生在不同的时间参加同一测试而得分截然不同，那么测试的可靠性就值得怀疑。

检阅测试本身的信度有两种主要方法：一是连续测试法（test-retest），即让学生在不同的时间做同一试题，然后比较其结果。这种方法十分简单，其缺点是时间间隔不易掌握，因为如果两次测试间隔太短，则第一次的考试就会影响第二次；如果间隔太长，则学生在这期间又可能产生了遗忘（或学到了新的东西）。另一种测试某一测试内容一致性的方法是“一分为二”测试法（split-half），即将一份试卷的内容分成两半，对比学生这两部分的结果。这种方法要求两部分的内容（数量和类型）相当，这一方法的优点是省时省力，缺点是两部分的比重难以控制。

如果测试是主观性的，那么评卷的信度就是一个十分重要的问题。评卷的信度可以分为两个方面，一方面是同一个评卷人前后评卷标准的一致性，另一方面是不同评卷人所用标准的一致性。如果同一评卷人在评卷前后所持的标准不一致，或不同的评卷人之间使用了不同的评分标准，那么就会在很大程度上降低测试的可信度。

休斯（Hughes）提出了一系列提高测试信度的方法，主要包括：

（1）有足够的考试内容。同一项目的测试最好有几道互相独立的试题，如果测试结果非常重要，则测试内容和实践就应相应加长。

（2）限制学生的答题范围。题目如果给予学生过多的自由，就会影响测试的信度。例如，在测试学生写作能力时，如果只是给出几个题目让学生选择，对内容不加规定或限制，那么测试的可信度就值得怀疑。

（3）考题要求应十分明确，避免模糊。

（4）保证考卷的印刷质量，考题布局要合理。

（5）应使用学生熟悉的试题样式和测试要求。

（6）应提供统一的、无外部干扰的考试环境。

（7）学生项目应尽量采用易客观阅卷的类型。

（8）学生之间的比较应尽量采用直接的方法。

（9）阅卷答案应十分详细。

（10）对阅卷者进行统一培训。

（11）考卷应按数字编号，不让阅卷人知道学生的姓名。

（12）阅卷应尽量采用相互独立、相互交叉的方法。

三、公平性

优质教学评价不仅具有效度和信度，还应具有公平性。当同一所学校的所有学生有平等的机会来学习和展示他们的知识和技能时，评价就具有公平性。当教师制定了恰当的教学目标，提供了与目标相符的有效内容和教学，并选择了反映目标、内容和教学的评价时，评价就具有公平性。评价偏见包括冒犯和不公平的惩罚。如果测试题目冒犯了亚群体的学生，那么该评价就具有偏见。当测试中包括对特定亚群体的负面刻板印象时就属于一种冒犯。例如，假设在一个测试中，试题所描述的男性都拥有待遇高且享有声望的工作，而女性的工作待遇差、声望也更低。这种性别上的不平等可能会让一些女性应试者感到不快，由此产生的压力将使女性应试者在测试中的成绩低于其正常水平。

如果某学生因为其群体身份而遭到不公平的惩罚时，评价也就有了偏见。这些群体身份包括种族、社会经济地位、性别、宗教和能力丧失。假设富裕家庭的学生对某个关注的信息比低收入家庭的学生更加熟悉。一名教师打算了解学生以小组形式合作解决问题的情况，准备讨论的问题内容是当地上演的系列歌剧和交响音乐会，只有那些能够支付昂贵票价的人才能去欣赏它们。即使富裕学生没有亲自去欣赏音乐，他们也可能听到了父母在谈话中对此有所提及。因此，低收入家庭的学生在合作完成关于音乐会的问题解决练习时就可能表现欠佳，这并不是因为他们缺乏此类问题的解决技巧，而是因为他们不熟悉歌剧和交响乐。

一些评估专家认为创建多元评估价值体系很重要。该价值体系包括在课堂上和校园里关注文化的多样性，通常包括教学中和教学后的绩效评估。可用作多元评估组成部分的绩效评估包括学生成绩档案、项目、展示、面谈和口头陈述等，但这并不意味着放弃单项选择题等客观测量形式。

第四节 评价策略

现代教育评价更加突出了过程评价的地位，强调形成性评价的重要性，并将其作为促进学生发展的首要手段。所以，本节将对形成性评价的内容、方法和工具进行专门讨论。

一、形成性评价的内容

（一）学习条件

形成性评价中的学习条件包括先前语言学习的经验、学校学习设施和班级的大小、教师的教学能力、学生之间的关系、师生关系、课堂环境、家庭背景、社区环境等。

（二）学习过程

形成性评价中的学习过程包括接收材料的方式、课堂活动方式、学生行为的质与量、教师行为的方式、教学进度、教材内容和使用方式、学生合作形式、学习任务的智能水平、情感过程等。

（三）学习成效

形成性评价中的学习成效包括语言知识的记忆量、语言知识的组织形式、话题范围和内容、功能范围和内容、语篇知识和运用、口头谈话技能、书面表达技能、语用因素的参与（如策略、情感、文化等）、学习策略（如学习技能、学习意识和习惯、反思能力）等。

二、形成性评价的方法

（一）自我评价

有效评价要求学生投入。这种投入可以使学生进行反思，也可以使学生肯定自己学习的努力，并看到改进的必要性和进取的可能性。

自我评价是指在学习过程中，学生依据评价标准对自己的学习和行为进行的评价。

为了让学生评价自己的学习和行为，他们需要有好的榜样。因此，教师必须和学生一起制定各项具体评价标准，如讨论优秀口头表达的构成成分、优秀阅读理解的构成成分、体现良好合作精神的标准等。要做到这一点，教师仅仅进行文字陈述是不够的，更重要的是为学生提供具有语言表现特征和要素的实际范例，并让他们“见到”或“听到”这些范例。这样，学生就能够知道“优秀”作品是什么样子的，进而对自己的作品进行评价。学生参与了标准的制定，其后还要有机会应用这些标准，对实际作品（或行为）进行评价。他们可以先以小组形式对范文（范例）进行评价，然后开始独立的自我评价，找出自己的精彩之处和问题所在。学生可以根据自己的弱点调整学习目标，教师可以针对学生的弱点和需求对自己的教学计划进行改进，使课堂指导更有效。

（二）互相评价

互相评价是在教学过程中，以划定的学习小组为单位，依据评价标准，同伴之间对学习条件、过程和效果做出的评价。教师可以让四五个学生评价某一个学生，每一个评价者为某个学生的学习行为写出评语，重点在于优点和改进建议。反过来，被评价的学生将根据同学和教师的评语写一个总结，确定自己的改进目标。学生互评的成功和自评成功一样，需要教师提供榜样，展示优秀的互评范例。通过评议，学生可以充分理解评价的标准，逐步增强“我也能做”的信心；同时，可以让教师能够信任、诚实、公正地对己和对人。同伴评价最重要的一点是要了解对方的学习，包括学习经历，可以让学生意识到“同伴文化”的力量和友好气氛在学习过程中的重要性。互评可以鼓励学生合作和向他人学习。通过与同学讨论，学生可以说出他们的忧虑和困扰，听取他人的观点，从而确定自己努力的方向。

（三）教师评价

学生的自评和互评都必须与教师的评价结合起来。在对学生进行评价时，教师的作用是多层面的：教师要示范学习的方法和评价方法，帮助学生自评，管理学生的学习；当学生制定和应用评价标准时，教师还必须给予指导和支持，与学生一起反思学习，确定目标，组织学生收集和编辑档案材料。更重要的是，教师与学生一起讨论学习的目的，定期评价学生的进步，抽查学生的自评和互评，仔细检查学生自定的改进目标，给学生提供反馈意见。

教师的评语应该简洁、具体，并有针对性。评价应包括优点和缺点两个方面。教师可以将评语附在学生的作业上，以便学生获取诊断性信息。教师评价还可采用日常记录的方式，或采用学生行为评价表或评价量表及座谈的形式，使得教师和学生共同建立起符合学习目的、个人需要和整个班集体需要的评价方式。

（四）合作评价

在教学评价中，教师和学生共同面对学生的成长。各种评价方式不仅给学生提供了学的信息也给教师提供了教的信息。学生得到个人反馈，明确努力方向；教师得到个人反馈以便改进教学，提供给学生更有意义和针对性的指导。这种教师与学生合作评价是建立学生档案过程的一部分。

家长也是教育评价的主体，这是因为家长既是教育活动的直接参与者，也是教育结果的重要责任者。家长对学生、教师、学校及整个教育都会经常做出自己的价值判断。随着独生子女的增多，家长对子女的发展层次十分关注。他们不仅关心学校和教师对子女的评价，而且会直接对子女做出经常性的评价。

三、形成性评价的工具

形成性评价有测试型和非测试型之分。对于测试型评价大家比较熟悉，这里着重介绍非测试型评价的工具。

（一）观察

观察是评价人类技巧和行为的基本方式。所有语言信息收集的方法都可以被理解为在特定情况下，用来了解学生学习行为、态度的具体工具。这里重点介绍的是课堂事件、教学活动、学生之间相互交流的观察。教师可以观察学生日常的阅读、写作、听和说的经历；教师和学生可以随时随地、随意地观察学习上的具体行为。观察可以以日常记录、评价表或评价量表的方式进行。教师应及时将记录收集起来提供给学生，以便学生真实地了解自己的实际学习行为。通过观察，教师可以了解学生学到了什么，哪些学习策略对学生有帮助，哪些学习策略最有效，哪些活动和材料学生最喜欢等。

教师在观察中究竟采用哪种记录方法，不仅取决于设定的观察目的、观察对象、时间条件的可能性，还取决于自身的习惯。

1. 日常记录

日常记录是教师根据学生的日常语言、行为和学习所做的记录。记录包括对日常重要事件以及涉及学生的活动和进步的纪实和描述。记录可以在学生活动发生时或在放学后进行，记录形式应简单、灵活。

2. 评价表

评价表应反映某一特定时间内，学生在某一活动或过程中的表现和进步程度，它依据所使用的一系列的具体标准而制定。评价表主要用来记录学生是否掌握某一具体知识、技巧、过程、能力和态度。通过评价表，教师可以了解哪些方面的教学取得了良好的效果，学生在哪些方面需要帮助或进一步的指导。评价表的形式应该多样化、方便使用。

3. 评价量表

评价量表主要用于记录学生达到了某一具体标准，以及学生在所给时间或所给范围内达到的标准。评价量表与评价表相似，只是评价量表显示了从恰当到不恰当的一种持续性，以便判断。教师可经常将评价量化，一般采用三种量表，即数学、图表和描述。

（二）学生成绩档案

学生成绩档案是由学生或教师在一个时期内有计划、系统地收集的反映学生努力、进步和成就的材料的汇集。学生档案以学生为中心，从多方面向学生、教师、家长及学校反映每个学生在一段时间内的成长过程以及学生学习目标的制定和评价。教师可以鼓励学生自己决定将哪些资料存入档案并解释这些资料的重要性。学生和教师可以一起为每个学生编辑档案。

学生成绩档案可包含的材料有：

（1）诊断性测试：新课程开始前的测试，旨在了解学生的学业基础。

（2）学生学习行为记录：如在课堂上参与朗读、朗诵、角色表演等情况。

（3）书面作业的样本：由学生决定收入自己认为最满意的作品（作文、读书笔记、周记、画作等）。

（4）平时测试：由教师评分，或在教师指导下由同学评分，或由学生自己评分。

（5）自我评价表：学生对自己的学习态度、方法和效果的反思和评价意见。

（6）教师、家长对学生学习情况的观察评语。

（7）其他教师或学生认为有必要装入档案的材料。

与传统的测试相比，学生成绩档案在多方面具有优越性，是形成性评价最常用的工具。

（三）访谈或座谈

教师与学生间的访谈、座谈或讨论有利于对学生的个人成就和需求做出正确和积极的评价。在讨论中，教师可以发现学生对他们自己的进步和学习的感受和态度。简短的座谈可以在课堂中随时进行。采访问题可以根据学生个人的需要和教学要求来确定。

（四）问卷调查

以书面方式提出，通过收集被调查者的回答来获得资料的方法。

（五）其他

1. 多媒体

为鼓励学生积极主动地学习，教师可以利用多媒体使学生所学的东西生活化。学生可以运用所学的笔头词汇、口头词汇、所听的音乐，以及所看的录像带、照片、图片和图表，利用互联网来互相交流。学生、教师、家长也可以在线进行评价。

2. 动画

学生可以制作动画来展示他们所学的知识。

3. 任务与演示

如任务活动、书面报告、课堂论文等。

第十二章 大学英语教师素养评价

不论是从国家战略发展需要出发还是从自身发展考虑，大学英语教师都必须从实际出发不断提升自身素养。针对人才缺位和国际化发展趋势，结合教师素养内涵，本章提出新时代背景下大学英语教师应具备和提升的五大素养：师德素养、英语教学专业素养、信息素养、多元文化素养和科研素养，为大学英语教师素养提升提出一些适应时代发展的可行性策略和建议，如深入学习超文化理论和构建教师学习共同体。

大学英语教学质量能否提高在一定程度上关系着高等教育改革的成败，是国际型人才培养模式实施的关键。在此背景之下，大学英语教学不仅要满足大学生的职业需求，更要满足国家战略的发展需要。为了培养国际型英语人才，本章将针对大学英语教师应具备何种素养、应怎样提升自身素养进行探讨。

第一节 大学英语教师素养的内涵和要求

教师是教学中的重要角色，对教学效果起着决定性作用，是教育改革成功与否的关键。教师素养主要包括职业素养、专业素养和品德素养。不论时代如何变迁，对于教师素养的评价标准却始终如一，如新时代教师应成为“四有好老师”。广大教师要在自己的岗位上，结合实际，努力践行“四有好老师”的要求。大学英语教师面对特殊的受众——大学生。大学生有着不一样的责任和使命，是一个极具活力和新思想的特殊社会群体，承载着国家的希望，代表着国家的未来。如何对大学生进行思政教育以帮助其形成正确的三观、如何指导大学生利用和发挥自身的潜力、如何培养国家需求的人才，是大学教师不可推卸的责任。而大学英语教师除了应具备教师基本素养外，还应努力提升自身能力，以适应国家战略发展需求。

国内对大学英语教师素质的研究始于 20 世纪 90 年代后期，主要探讨教师的专业技能。吴一安[①]在其优秀外语教师专业素质的实证调查中指出，优秀外语教师的专业素质应该包括以下四个方面：外语学科教学能力、外语教师职业观和职业道德、外语教学观、外语教学学习与发展观，四个维度间相互渗透、动态互动。学科教学能力受职业观和教学发展观的影响，是教师自身在教学实践中不断努力的成果，同时又反过来促进职业观和发展观的

① 吴一安．优秀外语教师专业素质探究 [J]. 外语教学与研究（外国语文双月刊），2005，37(3)：199-205.

升华。在此之后，国内对大学英语教师素质的研究不再局限于专业水平和技能，开始深入探讨综合素质，特别是针对“大学英语教学改革”“国际化潮流”“智慧教育背景”“网络与新媒体背景”等问题，思考和探讨大学英语教师的职业发展。何晓斓等[①]针对大学英语教研室如何践行教师基本素养，提出来以下建议：研读语言教学学科基本文本，包括语言学、心理学和教育学等，引导教师反思教学，鼓励教师外出学习和交流。夏纪梅[②]长期致力于大学英语教师发展研究，强调教师要从传统走入现代，在观念、角色、行动、学习、研究、发展等方面要做到与时俱进，不断提升，从而达到个人发展和职业发展齐头并进。

第二节　大学英语教师的素养要求

一、师德素养

教师是教育之根本，而师德是教师之本。

2019 年，教育部、中央组织部等七部门联合印发的《关于加强和改进新时代师德师风建设的意见》中，明确指出了“把师风师德作为评价教师队伍素质第一标准”。新时代的大学英语教师经历着市场经济腾飞的各种诱惑，担负着新时代人才培养重任，在此情境下师德素养建设显得尤为关键。古人说：“亲其师，信其道；信其道，则循其步。”大学英语教师的受众为大学生，他们是朝气蓬勃、意气风发、思想活跃的年青一代，是国家发展的人才储备。“传道受业解惑”的师者首先就要“传道”。大学英语教师在潜心教书之时，首先要树立坚定的理想信念，忠于祖国，忠于教育事业。大学英语教师更应该带头践行社会主义核心价值观，传播优秀本土文化，以身作则，指引大学生健康成长，为新时代祖国的发展做好人才储备。

二、英语教学专业素养

“学高为师，德高为范。”专业素养是专业教师素质最基本的构成要素。教师如果没有过硬的专业基本功和科学的教学方法，就无法担当学生的“路标”。《庄子》云：“风之积也不厚，则其负大翼也无力。”大学英语教师首先要有过硬的语言基本功，熟练掌握英语语言文化知识，拥有较强的“听、说、读、写、译”等语言技能。这是对大学英语教师最基本的能力要求。只有这样，教师在教学中才能游刃有余，潜心反思教学，才能有效地引导学生学习。反之，如果英语教师没有强大的知识储备，没有较高的语言水平，就不能算作合格的英语教师。

---

① 何晓斓，唐文杰. 教研室管理视域下的大学英语教师素养提升[J]. 湖南第一师范学院学报，2015，15（2）：53-56.

② 夏纪梅 . 大学英语教学改革对教师的挑战：教师发展问题与对策 [J]. 中国外语，2007，4(2)：4-6.

王守仁[①]指出，复合型大学英语教师既要熟悉外语教学理论，又要具备较强的英语运用能力和较好的计算机运用能力。大学英语教师除了要具备英语语言专业素养，也要有较高的教学素养。在教学中，大学英语教师应该认真研习语言教育理论，熟悉启发式教学、案例教学和合作式教学等多模态教学法，与时俱进，及时了解最新教育教学动态，探索适应时代要求的新教学模式和手段。要培养复合应用型的国际人才，这对于大学英语教师来说，机遇与挑战并存。大学英语教师可以借此契机提升自身专业素养，同时需要不断反思教学，突破陈旧教学模式的禁锢，探索多模态教学模式。

三、信息素养

1974 年，“信息素养”的概念首次被提出。1992 年克里斯蒂娜·道尔（Christina Doyle）在《信息素养全美论坛的终结报告》中指出一个具有信息素养的人具有获取信息、评价信息、组织信息、使用信息的能力。2012 年 3 月，教育部发布的《教育信息化十年发展规划（2011—2020 年）》（教技〔2012〕5 号）中明确指出“推动信息技术化与高等教育深度融合，创新人才培养模式”。在这股“教育信息化”浪潮的推动下，大学英语教学开始摸索如何实现网络信息技术与大学英语教学的有效融合，以便不断丰富和发展大学英语多模态教学模式。教师始终是教学改革的关键，大学英语教师必须把握和顺应信息化教育发展趋势，转变角色和提高信息素养。2010 年左右，国内的一些学者开始关注网络信息化背景下外语教师专业发展问题，比如戴炜栋等[②]提出教育信息化背景下外语教师应具备信息与通信技术素养、网络教育叙事研究能力和网络元评价能力。此后，信息素养问题逐渐受到关注。

网络信息技术的发展确实大大地改变了人们的学习方式和交流方式。对作为师者的大学英语教师而言，信息素养更是标配。一方面，大学英语教师能够敏锐地捕捉前沿的教育教学动态，能够对信息进行合理的整合和筛选，能够将现代的信息技术应用于日常教学中；另一方面，大学英语教师可以通过互联网平台关注学生的学习和成长信息，鼓励学生利用信息化技术进行高效的学习，培养学生筛选和整合信息的能力，指导学生把大学英语和专业英语有机结合起来，推动复合型人才培养模式的实施。

四、多元文化素养

这里的多元文化素养可以理解为狭义上的人文素养，主要是指一个人的文化素质和道德品质，是人文知识和技能的升华和内化。为了实践人文教育，培养复合型人才，大学英语教师首先要具备足够的人文知识，以语言文化知识为主，包括本土文化和相关异域文化，对历史、政治、法律、哲学和宗教等方面的知识都要不断学习和有所涉猎，甚至要深入研究，因为各个学科都并不是独立存在的，它们之间是相互联系的。长期以来，大学英语教学侧

① 王守仁 . 加强师资队伍建设，提高教师教学能力 [J]. 外语界，2010，140（5）：9-10.

② 戴炜栋，王雪梅 . 信息化环境中外语教师专业发展的内涵与路径研究 [J]. 外语电化教学，2011（142）：8-13.

重英语语言文化，而在中国文化走出去的背景下，传统的跨文化教学已经无法适应复合型人才培养模式，多元文化教学模式是大势所趋。俗话说“巧妇难为无米之炊”，教师只有满腹诗书才能为师；只有博学通识，教师在教学上才能融会贯通，才能成为学生求学做人路上的一盏明灯。其次，大学英语教师在教学中应遵循“人文精神”，以学生为主，因材施教，尊重和关爱学生，培养学生的爱国精神和民族情怀。英语教师要弘扬优秀本土文化，教导大学生坚守我们的核心文化和主流文化，对异域文化科学地对待，不盲从，不随波逐流。

五、科研素养

随着高等教育改革的深入发展和不断改革，对教师的评价不仅仅体现在教学技能上，还包括科研能力和服务社会等方面，这显然是时代发展对教师提出的新要求和挑战，目的在于提高师资队伍的质量，更好地服务国家发展战略需求。科研素养的提高是大学英语教师全面发展的关键所在。国内一些学者，如杜晋红①、程京艳②等人在探究大学英语教师基本素质和职业发展过程中也关注了教师的科研素质问题，分析了大学英语教师的科研现状和科研体制问题。他们都指出大学英语教师特别是青年教师有科研水平不高、心有余而力不足、理论知识欠缺、科研体制不合理、科研成果发表难等问题。这些内因和外因长期共同影响导致了科研成为大学英语教师的短板。

科研侧重理论的学习和方法的研究，而教学侧重的是实践。理论是长期实践的总结，而实践需要理论的科学指导和强有力支撑。科研素养的提高关系大学英语教学能否适应教育改革的趋势和时代发展的要求，科研水平将直接影响人才培养的质量。在当前形势下，大学英语教师必须增强科研意识，深入学习教学相关理论，攻克科研短板。只有全面提高科研素养，英语教师才能通过产学研的方式服务社会。

第三节　大学英语教师素养提升策略

在新时代背景下，社会需要通语言、懂多元文化、具备多学科综合应用能力的复合型人才，大学英语教师素养的提高是实现这一目标的关键所在。高校要实现人才培养与国家战略需求的完美对接，就必须改变传统的以教师为主的教学模式，转变教师角色，强调教育的国际化、信息化和多元性等特征。国内一些学者从各自的实际出发，对大学英语教师素养提升需求进行了问卷调查、个案叙事研究和实证研究。他们的研究都表明提高大学英语教师素养不仅是教师自身发展的需求，而且是教学改革和社会发展所需。

---

① 杜晋红，何芳，刘晓玲 . 应用型大学中青年公共英语教师科研能力个案研究 [J]. 北京第二外国语学院学报，2019（2）：113-125.

② 程京艳，任维平 . 大学英语教师整体素质和职业发展的调查研究 [J]. 教育与职业，2014（27）：95-96.

一、补习落下的专业理论，深入学习超文化理论

教与研是相辅相成的，教要上一个层次，理论学习和研究必不可少。虽然本着对英语学科的痴迷和对教育事业的热爱，在教学上，大学英语教师从来都不缺乏热情；但是，由于外语学科的特殊性和时代性，大学英语师资队伍在很长一段时间内呈现出“年轻化、学历低、教学强、科研弱”等特征，他们在教学上创新点子不断，对于教学问题经常自我反思，深受大学生的喜爱。但是，由于大部分大学英语教师本科毕业就开始执教，并未进行过系统的专业理论学习，因此未能将教学实践中的问题与相关理论有机结合起来，在教学成果转化成科研成果的路上一直举步维艰。

进入21世纪，经济全球化、教育国际化和信息化、文化多元性日趋明显，传统的跨文化交际模式显然已经不能满足当前经济和文化交流。大学生将来面临的交际活动不再局限于英语文化和中国文化之间，而是处于多元文化的交际环境中。大学英语教师提高自身素养首先要补习落下的专业理论，深入学习新理论，如超文化理论，摸索如何培养学生的超文化交际能力。

二、学习新的教育信息技术与开展体验式的文化学习

目前，信息技术的发展使交流不再受时空的限制，拉近了人与人之间、国与国之间的距离。大学英语教师应紧跟时代潮流，关注信息新技术，增强对信息的敏感性，学习相关的信息技术，并将其运用于教学中，同时也用于对目的语国家多元文化的学习和积累中。在文化学习方面，首先要加强中国传统文化知识储备，坚守我们的核心文化，增强文化自信；其次要开展体验式的多文化学习和对比，这是直接且有效的文化学习途径。大学英语教师可以从网络媒体、社交平台和影视作品等方面去了解和体验某种文化。在此基础上，大学英语教师应该争取机会去目的语国家和地区学习和实践，体验当地的民俗风情，对比我们的本土文化，总结文化差异，最终回归文化教学。

三、构建教师学习共同体

根据谢利·霍德（Shirley Hord）专业学习共同体理论，为了实现师生的共同发展，有共同学习愿景和目标的学生可以组成专业学习共同体，有着共同目标和研究方向的教师可以组成教师学习共同体。专业学习共同体的核心是“分享与合作”，成员间共同探讨问题、分享资源、交流经验、实现目标。教师学习共同体在校内主要有备课组、教研室、科研团队等。大学英语教师面对庞大的受众，教学任务艰巨；同时，学生多，呈现出来的问题必然也多且复杂。因此，在大学英语教学中，校内教师学习共同体不仅能有效地解决实际教学问题，同时团队间的相互学习、合作和鼓励能让大学英语教师少走弯路，提高工作效率，保持教学热情，促进教学水平的提高，也能让教师能够彼此对照团队其他成员的做法，反思自身的教学，不断成长进步。

此外，在信息技术迅速发展的今天，教师可以跨出校门，在“云端”同国内外学科专家、优秀教师等与自身研究相关人员构建学习共同体。这种教师学习共同体对教师的成长有着重大意义，是互联网信息技术赋予教师群体的学习便利。跨校间的教师学习共同体有助于大学英语教师跳出限制、拓宽视野、了解前沿信息和研究动向。教师只有走出校门，才会知道自己是“一孔之见”还是“见多识广”。可见，构建教师学习共同体是提高大学英语教师素养的有效途径之一。

为了更好地服务社会和国家，大学英语教师必须从实际出发，持续全面提高自身素养。本书中的五大素养相互联系、互相促进：师德素养是核心，唯有“敬业”才能“精业”；专业素养是基础；信息素养和多元文化素养是时代所需；科研素养是产出的必备条件。提升大学英语教师素养不仅是顺应其职业发展的需求，也是顺应学校和社会发展的需要，因此教师个体、学校和教育管理部门应该各司其职，共同致力于大学英语教师素养的提升。

第十三章　反拨效应与外语教学质量的提升

第一节　语言测试基本理论

语言测试主要运用于语言教学、语言研究及教学研究领域。语言测试对外语教学的影响称为“反拨效应”。外语教育工作者应该遵循测试学的理论和原则，努力使语言测试对外语教学起到良好的、正面的反拨效应，以推动教育事业和全社会的发展。

一、语言测试理论的发展

语言测试作为一门独立的学科悄然兴起于20世纪60年代的西方国家。随着国内外语言学理论、语言教学方法，尤其是第二语言教学方法的不断创新，语言测试作为语言教学过程中一个不可缺少的环节已被越来越多的学者关注。

语言测试的发展主要经历了四个阶段：科学前语言测试阶段、心理测试－结构主义语言测试阶段、综合－社会语言学测试阶段、交际性语言测试阶段。

二、语言测试与外语教学

语言测试与外语教学之间是相辅相成的合作关系。语言测试既是衡量外语教学成效和提高外语教学质量的重要手段，也是衡量学习者对语言知识掌握程度的必要评估方法，二者是不可分割的有机组成部分。一方面，测试为教学服务，直接影响教学内容和教学方法，对教学产生一定的反拨作用；另一方面，外语教学实践为语言测试提供宝贵的信息，使测试更符合教学需要，更科学，也更有的放矢。

第二节　反拨效应

反拨效应是指语言测试对教与学带来的冲击和影响，同时也指语言测试对课程设置、教育者和人才培养等不可低估的影响。这种影响可以是正面的，也可以是负面的。因此，无论是外语教师、测试的设计者，还是行政决策者和教学管理人员，都必须重视测试对教与学的反拨效应，以最大限度地发挥正面反拨效应，降低负面反拨效应。

一、语言测试的正面反拨效应

首先，语言测试最大的反拨效应是获得测试对象的准确信息，为决策者提供可靠的依据和标准，从而满足社会需要。教学需要测试来检验、评估其效果；研究机构需要测试来完成科研项目；中考、高考、大学外语等级考试、研究生入学考试等选拔、淘汰也都需要测试。可以说，测试无处不在，到目前为止，还没有哪种方式能够替代它，语言测试亦然。

其次，好的语言测试可以激发学生的学习动力。经研究发现，周考比月考更能提高学生的学习成绩，因为前者给予学生的信息多，学生学习动机的强度也随之提高。同时，如果定期对学生进行口语测试，使学生的口语水平有一定的提高，就可以给学生一些成就感，从而增强自信心，提高学生的学习兴趣。此外，语言测试还可以给学生一些压力，迫使学生在考前积极准备，而这种紧张的备考本身就是一种自主学习的过程。

最后，测试还可以促进教材和课程设计的规范化、科学化。例如，目前很多学者通过对测试的研究及新旧汉语水平考试（HSK）的比较，帮助课程和教材设计者在教材改进、补充材料和课程安排等方面做出调整和优化。

总而言之，好的语言测试可以对语言的学习和教学及对整个教育和社会产生正面的促进作用，形成一种测试、教学、教育和社会发展的良性循环，这正是语言测试正面效应的实质所在。

二、语言测试的负面反拨效应

任何事物都具有两面性，语言测试的负面反拨效应也不容忽视。

首先，对教育者而言，测试成了指挥棒，使教学中的价值取向和目标很自然地向考试看齐，考什么，教什么；考什么，学什么。它直接影响了教学内容，影响了课堂练习形式，影响了教学方法和手段，从而造成“应试教育”的弊端。

其次，对学习者而言，不良的测试使学习目的扭曲。学生仅以通过考试、获得证书为学习目的，而不是提高语言实际运用能力；热衷于应试技巧，热衷于“题海战术”，知识面窄，交际能力差，导致“高分低能”。同时，测试结果也影响着学生的学习策略和学习态度。尤其是心理素质较差的学生，在考前往往焦虑不安，在考后又会因成绩不理想而一蹶不振，压抑了学习兴趣，影响了能力的全面发展。

此外，语言测试的内容具有局限性。任何性质和类型的语言测试在本质上都是对测试内容的抽样检查，应试者面临的试题只是被检测内容的一部分。语言测试只能有限地反映学习者对试卷所体现内容的掌握情况，而很难反映全貌。

总之，语言测试对外语教学的正面和负面反拨效应是同时并存的，只是两种效应有大小之分和程度不同而已。外语教育工作者要最大限度地减少负面反拨效应，增大正面反拨效应，使其更好地为外语教学服务。

第三节　外语教学质量的提升

学习借鉴国内外专家研究成果，笔者认为可以通过以下途径提升外语教学质量：

一、重视提高语言测试的信度和效度

信度和效度是语言测试的两大基本属性，理想的语言测试应该是二者的结合。那么，怎样才能提高测试的信度和效度呢？从测试的内在因素来说，测试内容和技巧必须与教学目的一致，使试卷本身具有较高的信度和效度；从测试的外在因素来说，要正确运用测试手段，避免干扰因素出现，保证测试的真实性、可靠性和有效性。

二、保持语言测试的内容和方法与外语教学目标一致

休斯认为，如果一个测试被认为是重要的，那么对它的准备就可以支配所有的教学活动。但如果这个测试的内容和测试技巧与授课目的不一致，则极有可能带来有害的反拨效应。实践证明，如果测试内容和方法与教学目的一致，就有利于教学目标的实现；否则，就会将教学引向歧途。例如，高校的英语教学改革将原来的以阅读理解为主变为以听说为主，英语教学评价系统就要相应地从以评价阅读理解能力为主转为以评价学生的听说能力和综合应用能力为主。目前，大学英语四级和六级考试也开始采用新题型，以促进新的教学目标的实现。

三、强化语言测试的设计

（1）增加产生性运用试题和综合技能试题的比重，主要是指写作、口语测试及听、说、读、写技能的试题。

（2）注重语言测试的情景化，主要是指测试材料本身的上下文和材料以外的情况尽可能真实。

（3）注重语言测试的人性化。测试材料可多用故事性、幽默性的资料；测试方式可用多媒体，也可以彩印试卷，改变一贯的黑白面孔。

（4）考前模拟，考后讲评。前者使学生熟悉题型和技巧，后者使学生知道问题所在，以便在今后的学习中加以解决。

四、加强对外语教师素质的培养

一名合格的英语教师必须充分了解语言教学的理论和方法，对学生进行正确引导，使其重视基础知识的学习和基本能力的培养，防止学生外语能力发展的不均衡和畸形。同时，建议有关部门为英语教师提供一些有关测试方面的培训课程，使英语教师掌握充分的测试知识，以便更有效地完成教学任务。这是一个“充电”过程，也是一项长期任务。

参考文献

[1] 郭炜峰，董奕枫 . 英语教学与文化传播 [M]. 延吉：延边大学出版社，2018.

[2] 阎佩衡 . 英语教学场论 [M]. 北京：商务印书馆，2020.

[3] 王岚，王洋 . 英语教学与英语思维 [M]. 长春：吉林人民出版社，2019.

[4] 杨淑玲，李卉琼，高绪华 . 英语教学研究 [M]. 天津：天津科学技术出版社，2020.

[5] 周爱民 . 我的英语教学 [M]. 长春：北方妇女儿童出版社，2020.

[6] 毕玲 . 英语教学设计 ABC[M]. 北京：北京理工大学出版社，2020.

[7] 蔡玲 . 大学英语教学实践探索 [M]. 长春：吉林文史出版社，2021.

[8] 李朝侠 ."雅慧"小学英语教学 [M]. 长春：吉林人民出版社，2019.

[9] 刘燕 . 文化与大学英语教学 [M]. 北京：科学技术文献出版社，2019.

[10] 何冰，汪涛 . 翻转课堂与英语教学 [M]. 长春：吉林人民出版社，2019.

[11] 杨艳 . 英语教学创新研究 [M]. 长春：吉林人民出版社，2019.

[12] 李晓玲 . 大学英语教学方法研究 [M]. 西安：陕西科学技术出版社，2020.

[13] 黄建滨 . 英语教学理论系列：英语教学研究 [M]. 杭州：浙江大学出版社，2018.

[14] 李双军，魏芳，周采玉 . 中学英语教学研究与实践 [M]. 长春：吉林人民出版社，2020.

[15] 李向武 . 少儿英语教学技能 [M]. 成都：西南交通大学出版社，2018.

[16] 张美娇 . 中学英语教学与文化研究 [M]. 北京：中国商业出版社，2020.

[17] 徐雪元 . 大学英语教学改革实践 [M]. 长春：吉林出版集团股份有限公司 .2020.

[18] 高雅平 . 实用英语教学 [M]. 北京：中国纺织出版社，2018.

[19] 唐俊红 . 互联网 + 英语教学 [M]. 北京：新华出版社，2018.